Christians Origami-Tricks

Papierfaltspaß für kreative Kinderhände

Steckbrief

Name: Christian Saile

Spitzname: Chrissy

Geboren: Dezember 1999

Wohnort: Schwäbisch Gmünd

Berufswunsch: Origami-Meister

Meine Hobbys sind: Ich gehe gern in die Schule und in meiner Freizeit bin ich oft mit dem Fahrrad unterwegs, spiele Schlagzeug, mit Freunden oder unseren zwei kleinen Hunden. Ganz besonders viel Spaß habe ich aber seit ein paar Jahren mit Origami.

Aber was ist O R I G A M I ?

ORIGAMI ist die Kunst des Papierfaltens und kommt ursprünglich aus China. In Japan wurde diese Kunst dann verfeinert und ist mittlerweile schon über 1000 Jahre alt. Aus einem Stück Papier entstehen die verschiedensten Figuren ohne Klebstoff und Schere, es wird nur gefaltet.

Wie ich dazu kam: Als ich sechs Jahre alt war, habe ich mit meinen Eltern eine Ausstellung besucht und dort zum ersten Mal Origami-Figuren gesehen. Das fand ich richtig toll!

Meine erste Figur: Meine erste Origami-Figur war ein Frosch. Diesen finde ich heute noch klasse, weil er so schön hüpfen kann. Danach habe ich immer mehr Figuren versucht und inzwischen kann ich schon ganz viele. Jetzt traue ich mich auch, mal etwas selbst auszuprobieren. Mein erstes eigenes Modell ist die Fledermaus auf Seite 52/53.

Origami macht richtig Spaß: Wenn ich mal nicht weiß, was ich machen soll, dann falte ich mir einfach ein neues Spielzeug, egal ob aus richtigem Faltpapier, einer Serviette oder Geschenkpapier. Oft wühle ich auch zu Hause in unserer Altpapiertonne und stoße dabei auf wahre Schätze.

Und jetzt seid ihr dran: Schaut mal in diesem Buch, da gibt es so viele schöne Ideen – tolle Spielzeuge oder kleine Geschenke. Die meisten Figuren sind ganz einfach und man hat richtig doll Spaß damit. Versucht es mal!

Euer Christian

Grundsätzliches, das du wissen solltest

Zeichenerklärung

- - - - - - - - -

Talfalte

- · - · - · - · -

Bergfalte

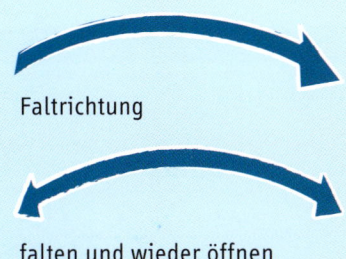

Faltrichtung

falten und wieder öffnen

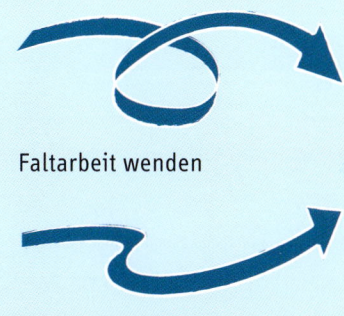

Faltarbeit wenden

Papier einschieben

Grundlegende Faltungen

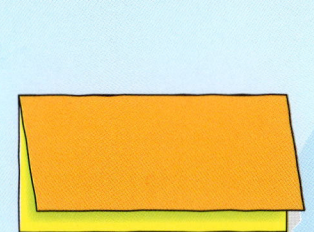

Bergfalte
Wenn die obere Seite des Papierbogens nach unten geklappt wird, weist die Faltkante wie eine Bergkette nach oben. Eine Strichpunktlinie markiert, an welcher Stelle eine Bergfalte gefaltet werden muss.

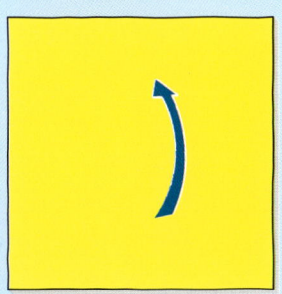
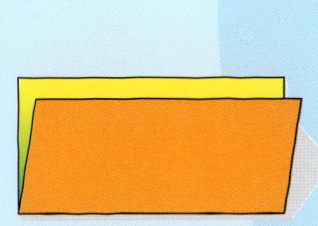
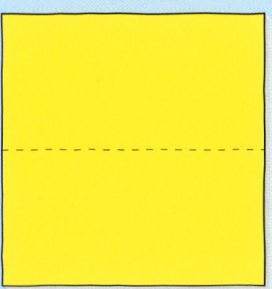

Talfalte
Wenn die untere Seite des Papierbogens nach oben geklappt wird, sieht die Faltung wie eine Rinne bzw. wie ein Tal aus. Eine gestrichelte Linie markiert, an welcher Stelle eine Talfalte gefaltet werden muss.

Immer
schön
pusten!

... und jetzt geht's los!

Papier

Um beim Falten schöne Ergebnisse zu erhalten, ist es wichtig, dass du gutes Papier verwendest. Es muss sich gut falten lassen, ohne dass du eine weiße Bruchkante erhälst.

Origamipapier ist in der Regel nicht durchgefärbt, das heißt, die beiden Seiten haben unterschiedliche Farben, meist ist eine Seite weiß.

Wenn du noch nie zuvor gefaltet hast, ist es besser, du verwendest ein solches zweifarbiges Papier. Damit verlierst du nicht so schnell den Überblick, welche Seite nun deine Vorder- und Rückseite ist. Nach diesem Prinzip sind auch die Faltzeichnungen hier im Buch angefertigt.

Origamipapier ist immer quadratisch, meist 15 cm x 15 cm groß. Es gibt es aber auch in den Größen 10 cm x 10 cm und 20 cm x 20 cm im Fachhandel oder Schreibwarenladen zu kaufen. Welches Papier du verwenden sollst, ist am Anfang jeder Faltanleitung in einem quadratischen Feld angegeben.

Wenn du dein Papier selbst zuschneidest, solltest du darauf achten, dass die Seiten wirklich exakt gleich sind. Im Idealfall hat das Papier eine Qualität von 70–75 q/m. Es gibt aber auch dünnere, leichtere Papiere (wie z.B. Seidenpapier), die genauso gut für Origami geeignet sind.

Ich empfehle dir, vor dem Falten einer Figur mit Origamipapier, diese zuerst mit einem einfachen Schreibpapier zu üben. Man hat sich ganz schnell mal verfaltet, und dafür ist das schöne Origamipapier einfach zu schade.

Falzbein

Eine gute Hilfe beim Falten ist ein Falzbein. Durch seine besondere Form gelingt das Falten leichter und es bleiben keine glänzenden Stellen auf dem Papier zurück. Die Spitze des Falzbeins kann bei engen Faltungen behilflich sein. Bei sehr engen Stellen oder wenn mit einem sehr kleinen Stück Papier gearbeitet wurde, kann auch ein Schaschlikstäbchen zu Hilfe genommen werden.

Meine besten Tipps:

✔ Falte deine Figuren immer auf einer glatten und trockenen Unterlage, am besten an einem Tisch.

✔ Faltanfänger sollten die Figuren zunächst mit größeren Papieren (20 cm x 20 cm) probieren. Damit gelingen die Faltungen besser.

✔ Gib nicht auf, wenn du eine Faltung nicht auf Anhieb verstehst oder hinbekommst. Manchmal muss man ein bisschen ausprobieren, bis man verstanden hat in welche Richtung eine Faltung gehen oder wie man welche Ecke umstülpen soll. Lege in dem Fall das Papier am besten für einige Stunden zur Seite und probiere es später noch einmal aus.

✔ Wenn du ein Origamipapier verwendest, dass zwei verschiedenfarbige Seiten hat, musst du vor dem ersten Faltschritt genau darauf achten, welche dieser Seiten oben bzw. unten liegen muss. Zu Beginn jeder Anleitung weise ich aber auch noch einmal darauf hin.

✔ Aber das Wichtigste von allem ist, dass du immer genau und exakt faltest und deine Kanten immer schön aufeinanderliegen.

Christians Eltern

Nun sind wir schon seit einigen Jahren ein PAPIERreicher Haushalt und Christian verarbeitet alles, vom Schokoladenpapier bis hin zur Bäckertüte. Langeweile kennt er kaum noch – egal ob im Restaurant, im Wartezimmer beim Arzt oder an einem verregneten Ferientag – Christian faltet.

Wer aber nun denkt, unser Sohn ist ein Stubenhocker und beschäftigt sich mit gar nichts anderem mehr, der irrt. Christian spielt wie andere Kinder auch gerne auf der Straße, klettert auf Bäume und liebt es, sich so richtig schmutzig zu machen.

Mit seiner Begeisterung für Origami hat er uns angesteckt, und so „sponsern" wir gern das Papier für sein tolles Hobby. Denn für uns als Eltern ist es faszinierend zu sehen, was Christian aus einem Blatt Papier entstehen lässt. Er kann sich toll darauf konzentrieren und gibt auch bei Misserfolgen nicht gleich auf. Welch ein Geschenk für uns: Das strahlende Lächeln auf seinem Gesicht, wenn er wieder eine knifflige Faltanleitung geknackt hat.

Die Arbeit an diesem Buch hat Christian ganz besonders viel Freude gemacht, es hat ihn beflügelt und das Ergebnis, seine ersten eigenen Modelle, war ganz erstaunlich.
Es war ihm wichtig, dass die Figuren, die er in diesem Buch zeigt, einen gewissen Spaßfaktor haben, und wir hoffen mit Christian, dass ein Funke seiner Begeisterung für Origami auch auf euch überspringt.

Viel Spaß dabei!

Mama und Papa Saile

Inhalt

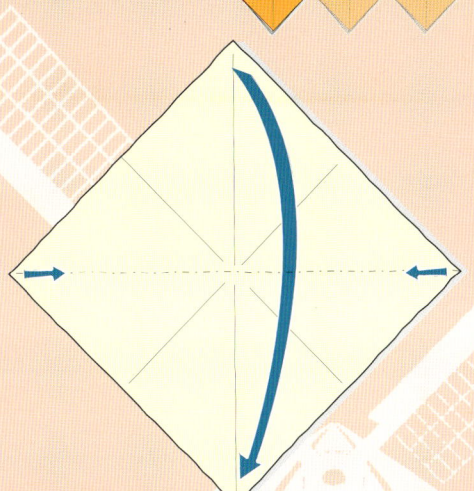

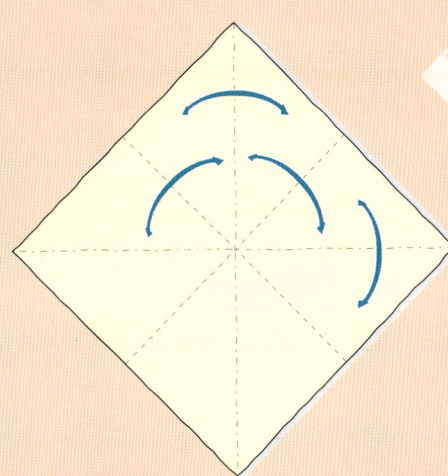

✓ Transparentpapier in
  Bunt, 20 cm x 20 cm
  oder kleiner
✓ Klebstoff

Christians Tipp

Die Windmühle kannst du schön mit
deinen jüngeren Geschwistern machen.
Nimm sie anschließend zwischen die
Handflächen und drück dabei leicht gegen
die Spitzen. Dann musst du nur noch kräftig in die Flügel blasen, und schon dreht
sie sich wie verrückt.

1 Lege als Erstes das Papier mit der schönen, bedruckten Seite nach unten auf den
Tisch und falte das Papier an den eingezeichneten Linien vor. Achte darauf, dass du für
die waagerechte und senkrechte Linie eine
Bergfalte machst. Lege das Papier danach
wieder glatt vor dich hin.

2 Nun klappst du die beiden Ecken rechts
und links nach oben, sodass sie sich berühren, und legst die obere Ecke dabei auf die
untere.

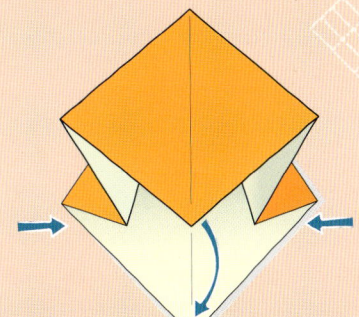

3+4 Streiche das Papier entlang der Kanten schön glatt und klappe die dreieckigen
Papierlagen, die entstanden sind, nacheinander nach rechts bzw. links um und streiche sie
ebenfalls nach.

5 Jetzt ist deine Windmühle fast fertig,
du musst nur noch die offenen Spitzen deiner Faltarbeit mit einem Klecks Klebstoff
fixieren.

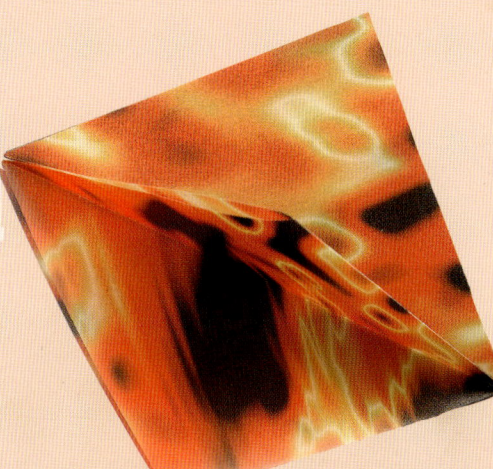

Spielspaß
garantiert

Spielspaß garantiert

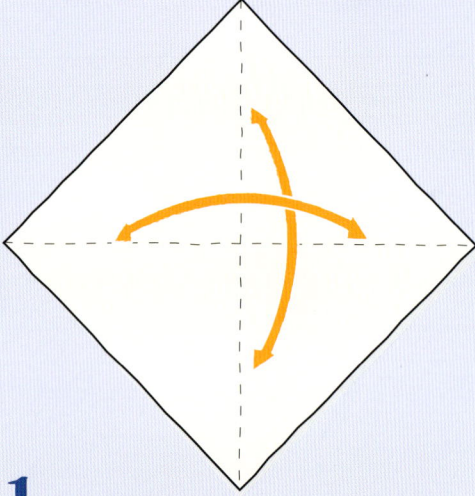

1 Lege das Papierquadrat wie abgebildet vor dich hin. Falte die Spitzen oben und unten aufeinander, um die erste Faltlinie zu erhalten. Öffne die Faltarbeit wieder und drehe das Papier nach links. Falte nun die zweite Faltlinie und entfalte das Papier wieder.

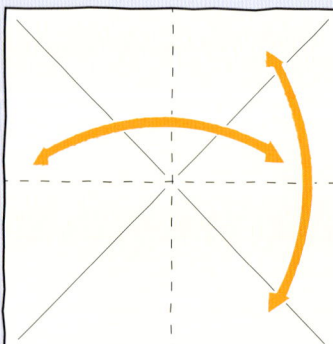

2 Falte als Nächstes die Geraden. Dazu legst du das Papier Kante auf Kante und ziehst die Mittellinie gut mit dem Daumennagel oder einem Falzbein nach. Drehe das Blatt nach links und wiederhole die Faltung mit der gegenüberliegenden Kante. Öffne das Papier wieder.

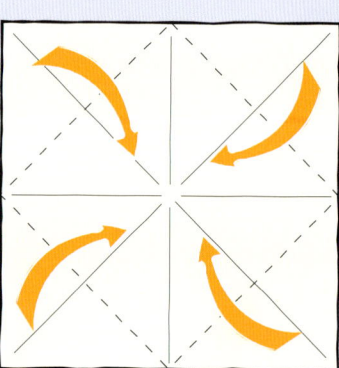

3 Falte nun alle Ecken zur Mitte.

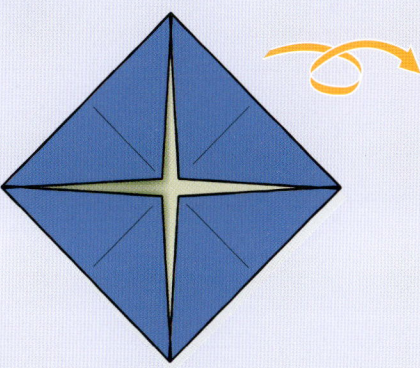

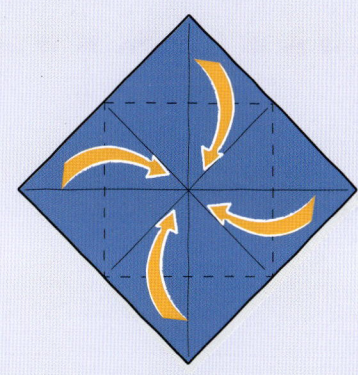

4 Wende deine Faltung, sodass vor dir ein flächiges Quadrat liegt.

5 Falte noch einmal alle Ecken zur Mitte. Streiche die Faltlinien gut mit dem Daumennagel nach.

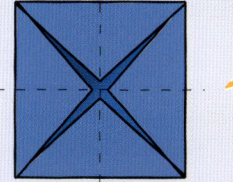

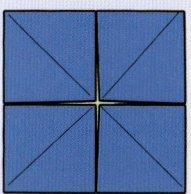

6 So sieht deine Faltarbeit nun aus. Falte sie noch einmal entlang der eingezeichneten Linie vor und wende sie wieder.

7 Nun stellst du mit den Fingern die vier Ecken auf und ziehst deine Himmel-und-Hölle-Figur auseinander.

8 So sieht die Figur nun von oben aus.

9 Damit aus deiner Figur auch wirklich eine Prinzessin, ein Frosch oder eine Maus wird, klebst du jeweils zwei nebeneinanderliegende Ecken mit Klebstoff oder doppelseitigem Klebeband zusammen, klebst die Augen, Ohren, eine Zunge, eine Krone und die Lippen wie abgebildet auf deine Figur und malst der Maus ein kleines Gesicht auf.

Christians Tipp
Das Himmel-und-Hölle-Spiel kennst du bestimmt, aber hier siehst du, was man noch daraus machen kann! Lass dir noch mehr einfallen, z. B. einen Piraten oder einen Hund, dann kannst du richtig Theater spielen.

Lilienstrauß zum Muttertag

Lilienstrauß zum Muttertag

1–4 Folge für die ersten vier Schritte der Anleitung Teil 2 auf Seite 81 und lege die Faltarbeit danach so vor dich hin, dass die offene Spitze nach oben zeigt.

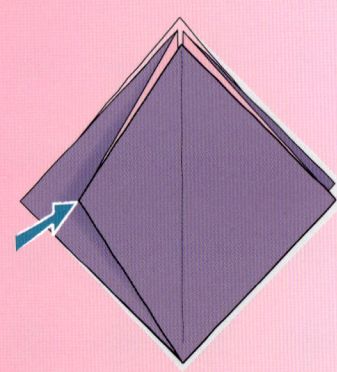

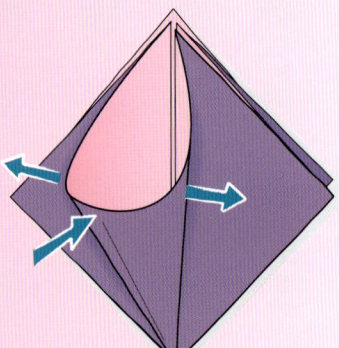

5 Klappe das vordere linke Dreieck nun nach oben und drücke die mit einem Pfeil markierte Spitze leicht nach innen. Dadurch öffnet sich die Papierlage etwas.

6+7 Drücke die Spitze nun weiter nach innen, sodass die beiden Mittellinien genau aufeinanderliegen. Eine Art Drachenfigur ist nun entstanden.

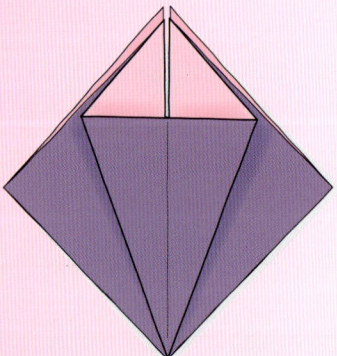

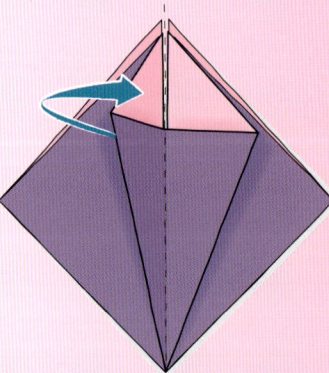

8 Streiche die Kanten rechts und links glatt.

9 Nun klappst du die vordere linke Hälfte der Drachenfigur nach rechts um, …

10 ... klappst von rechts hinten ein weiteres Dreieck nach links und wiederholst die Schritte 5–9 an den restlichen drei Dreiecken.

11 So sieht deine Faltarbeit jetzt aus.

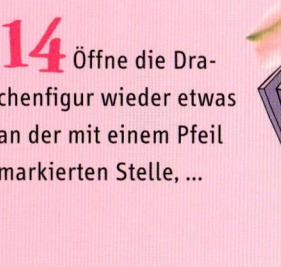

12 Lege sie nun wie abgebildet vor dich hin. Jetzt die linke und rechte obere Kante der Drachenfigur auf die senkrechte Mittellinie falten und wieder öffnen.

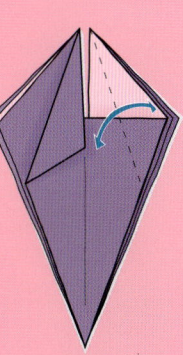

13 Die untere Spitze an der gestrichelten Linie nach oben und wieder zurückfalten.

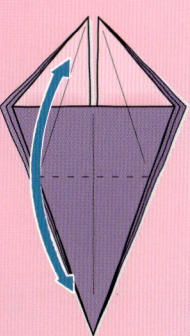

14 Öffne die Drachenfigur wieder etwas an der mit einem Pfeil markierten Stelle, ...

15 ... und drücke die Ecken der Drachenfigur nach innen auf die Mittellinie, sodass sich die Papierkanten dort berühren.

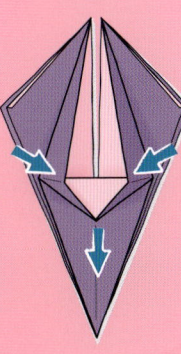

16 Falte das kleine Dreieck nun an der waagerechten Mittellinie nach oben.

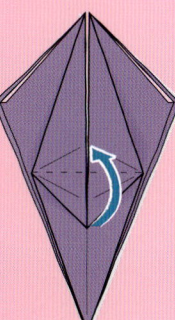

17 So sieht deine Faltarbeit jetzt aus.

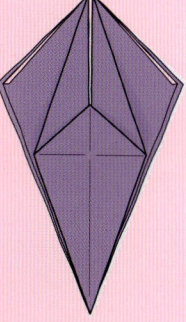

18 + 19 Jetzt klappst du den kleinen linken Flügel samt der darunterliegenden Papierlage nach rechts und wiederholst die Schritte 12–16 auch für diese Drachenfigur.

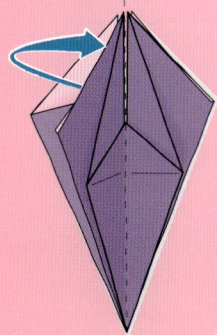

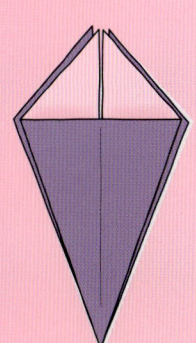

Weiter geht es auf Seite 20.

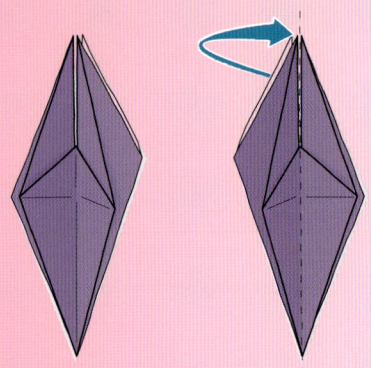 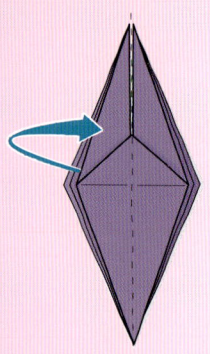 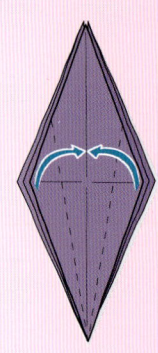

20+21 Fahre so auch für die beiden restlichen Drachenfiguren fort.

22+23 Wenn du die letzte Faltung ausgeführt hast, klappst du die linke obere Papierlage nach rechts, damit die Faltarbeit wie abgebildet vor dir liegt.

24 Falte nun die linke und rechte obere Papierkante nach innen auf die Mittellinie, ...

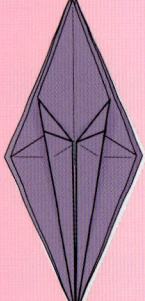 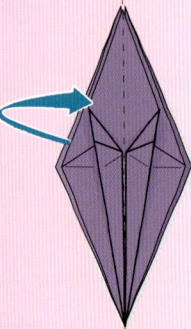 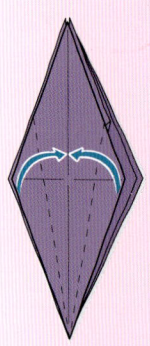

25 ... sodass sich die Kanten berühren.

26 Klappe die obere linke Hälfte nun zusammen mit der darunterliegenden Papierlage entlang der Mittellinie nach rechts.

27 Wiederhole die Schritte 24–26 weitere drei Mal.

28 So sieht deine Faltarbeit jetzt aus.

29 Nun bist du auf der Zielgeraden. Öffne die Blüte leicht und rolle die langen Spitzen, die nach oben zeigen, mithilfe eines Bunt- oder Bleistiftes wie abgebildet auf. Dadurch erhält deine Blume die charakteristische Lilienform.

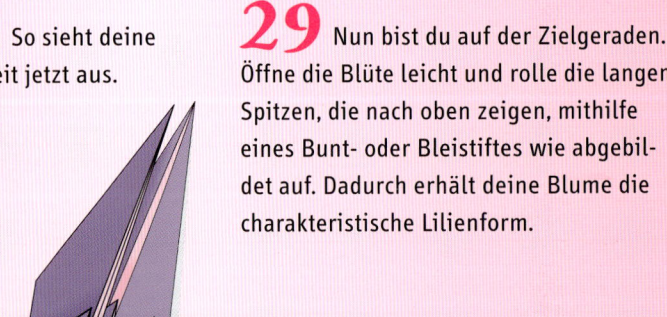

Wenn dein Taschengeld nicht für einen Muttertagsblumenstrauß reicht, dann landest du bestimmt einen Volltreffer mit den gefalteten Lilien.

Für den Strauß faltest du ca. neun bis zehn dieser Lilien in verschiedenen Farben und steckst jede auf einen Draht. Forme das Drahtende, das in der Blüte ist, zu einer Art Öse, damit er nicht wieder herausrutscht. Schneide dann noch ein paar ca. 20 cm lange grüne Blätter aus und binde alles mithilfe des Kreppbandes zu einem hübschen Strauß zusammen. Toll, nicht wahr!

Pfeilschnelle Flieger

1 Lege das Papier mit der schönen Seite nach unten vor dich hin. Falte das Papier dann der Länge nach zur Mitte und öffne die Faltung wieder.

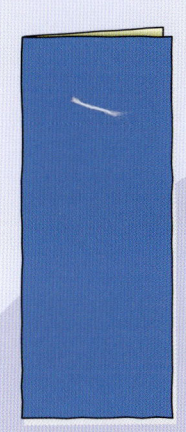

2 Nun führst du beide unteren Ecken zur Mittellinie, sodass die Papierkanten genau parallel dazu liegen und drückst sie flach. Ziehe die Faltkanten noch einmal mit dem Fingernagel nach. Falte dann die schrägen Außenkanten zur Mitte.

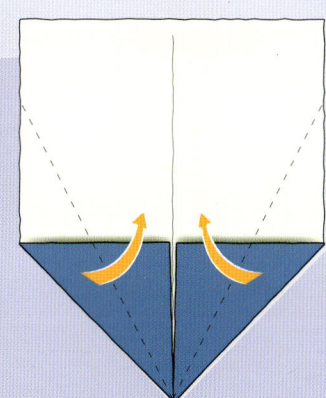

3 Wiederhole denselben Vorgang noch einmal.

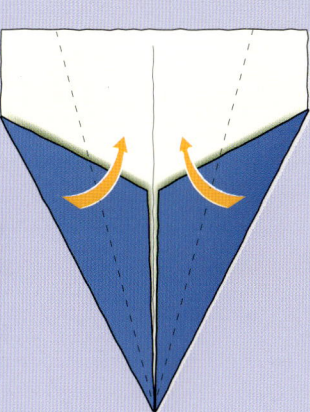

4 Drehe die Faltung danach um.

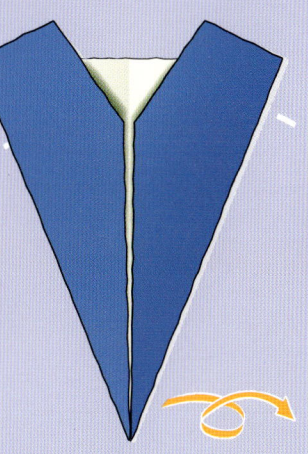

5 Klappe das Flugzeug entlang der Mittellinie deckungsgleich zusammen.

Christians Tipp
Diesen Flieger kannst du aus jedem Papier falten, aber aus Transparentpapier fliegt er pfeilschnell.

6 Ziehe den Mittelkniff noch einmal mit deinem Fingernagel nach. Nun öffnest du die Faltung und stellst die Tragflächen auf.

Wer hüpft am schnellsten?

Wer hüpft am schnellsten?

Du brauchst
für einen Frosch
✓ Tonpapier in einer
beliebigen Farbe,
3 cm x 6 cm

1 Lege das Papierrechteck wie abgebildet vor dich hin und falte die rechte obere Ecke zur gegenüberliegenden Kante und wieder zurück.

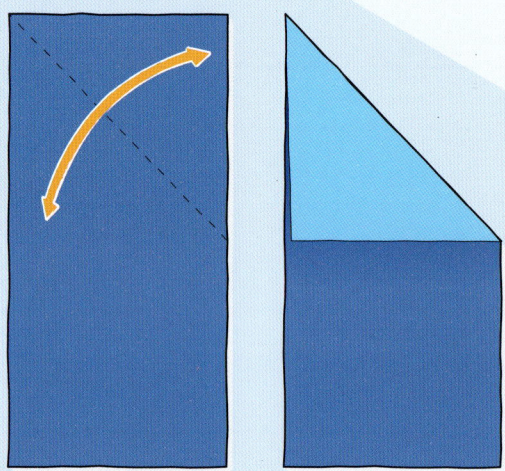

2 Wiederhole diesen Schritt nun für die linke Ecke und öffne die Faltung wieder.

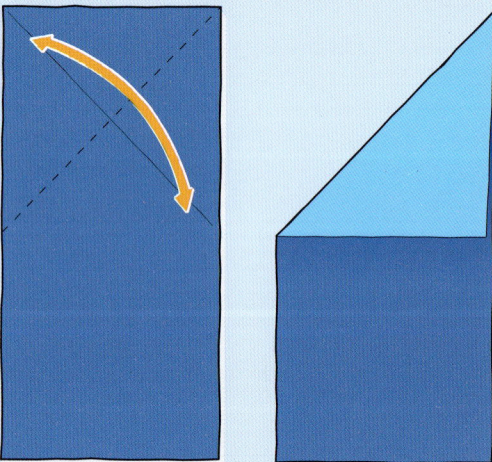

3 Falte die obere Papierkante nun bis zu den Punkten nach unten, an denen die Ecken in den ersten beiden Schritten ankamen, und öffne die Faltung wieder.

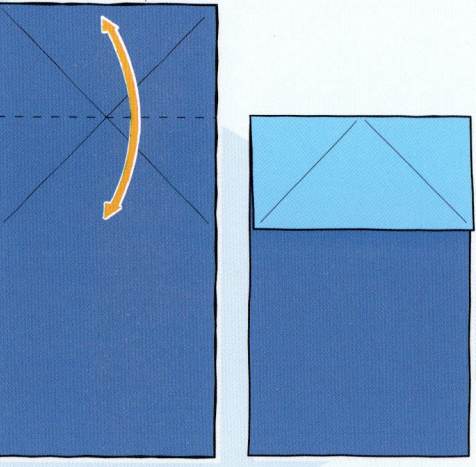

4 Jetzt drückst du die jeweils mit einem Pfeil markierten Stellen nach innen und klappst dabei die obere Papierkante nach unten.

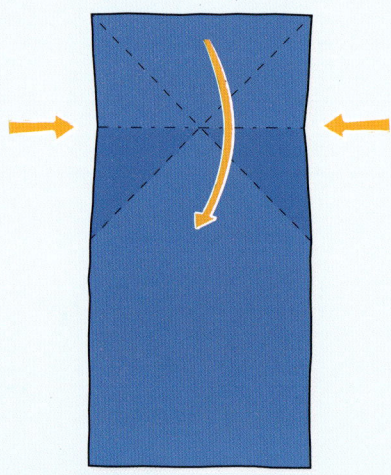

5 Deine Faltarbeit sieht nun wie ein Pfeil aus.

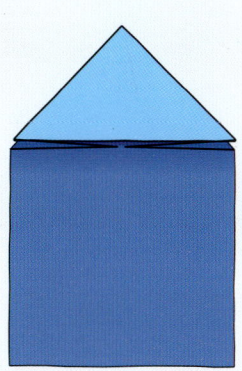

6 Falte nun die obere Papierlage der Ecken rechts und links entlang der Talfaltlinie zur Mitte, sodass sich beide Papierkanten berühren.

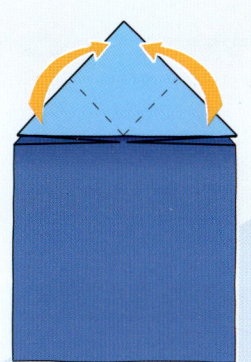
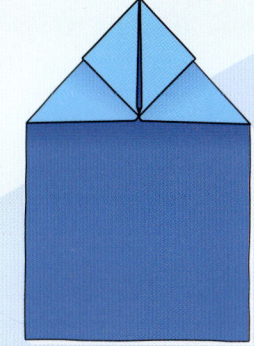

7 Nun klappst du die untere Papierkante nach oben, sodass sie die untere Kante des Dreiecks berührt.

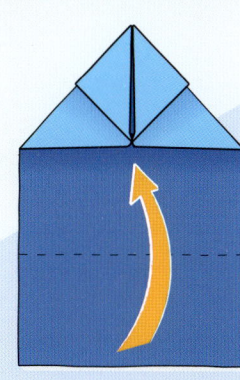

8 Falte danach die linke und rechte Papierkante entlang der Talfaltlinie nach innen. Beide Kanten berühren sich dann.

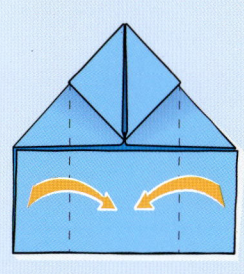

9 Nun die untere Papierkante nach oben bis zur Spitze falten ...

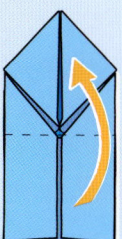

10 ... und wieder zur Hälfte nach unten falten.

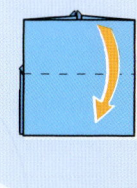

Fertig ist dein erster Frosch. Lass ihn durch Druck auf den hinteren Rand weghüpfen.

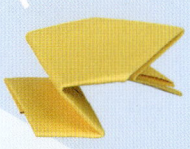

Heute rede ich!
Modell von Young Soon Lee

Heute rede ich!

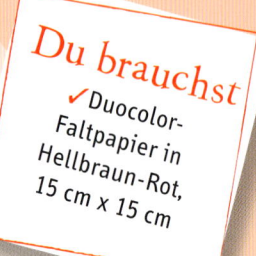
Du brauchst
- ✓ Duocolor-Faltpapier in Hellbraun-Rot, 15 cm x 15 cm

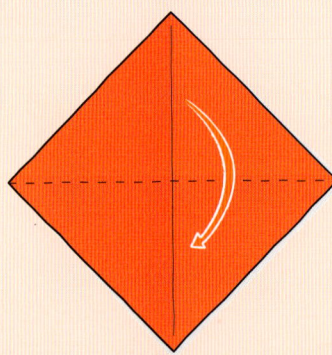

1 Lege das Papier mit der roten Seite (das werden später die Lippen) nach oben wie abgebildet vor dich hin und falte die obere Spitze entlang der Talfaltlinie auf die untere Spitze.

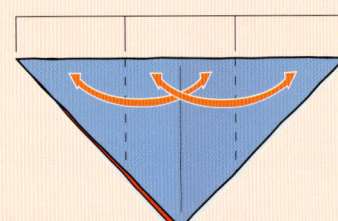

2 Teile dieses Dreieck nun mit Talfalten in drei gleichmäßig große Abschnitte, am besten misst du dafür die Länge der Kante ab und teilst sie durch drei. Kehre dann wieder zum Dreieck zurück.

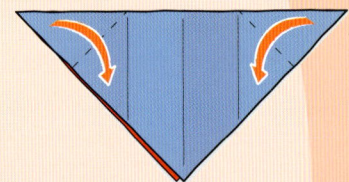

3 Nun faltest du beide Spitzen rechts und links nach unten, sodass die Oberkanten auf den vorgefalteten senkrechten Linien zu liegen kommen.

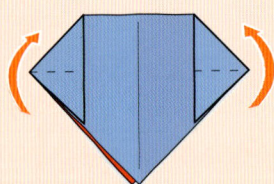

4 Falte dann die seitlichen Klappen entlang der Talfaltlinie nach oben.

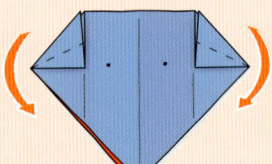

5+6 Jetzt beide seitlichen kleinen Klappen so nach unten falten, dass die schrägen Kanten auf die Querlinie treffen. Die Spitzen reichen dabei bis zu den eingezeichneten Punkten. Danach die ganze Figur wieder entfalten.

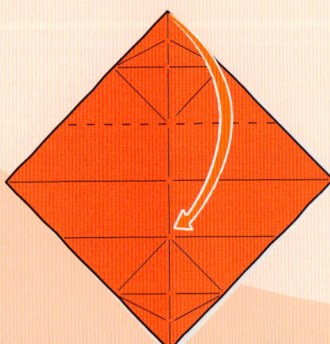

7 Lege das Papier wie abgebildet vor dich hin. Falte die obere Spitze über die Mittellinie hinweg bis zu dem Punkt, auf den der Pfeil zeigt.

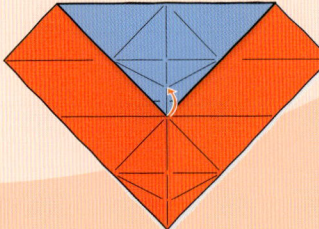

8 Klappe diese Spitze nach oben bis zur ersten vorhandenen Linienkreuzung.

Christians Tipp

Mit dem Mund kannst du ganz viel machen: Wenn du ihn auf- und zuklappst, dann bewegt sich der Mund und sieht aus, als würde er sprechen; oder du klebst ihn als Kussmund in eine Karte. Du kannst den Mund auch aus einem ganz großen Papierquadrat falten, das sieht auch witzig aus.

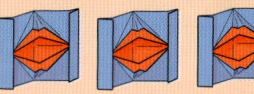

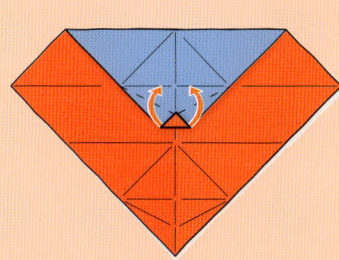

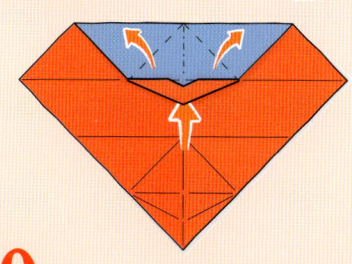

9 Die beiden Kanten gleichzeitig entlang der Talfaltlinien nach oben auf die waagerechte Linie falten und senkrecht aufstellen. Du darfst dabei aber keine Spitze falten.

10 Nun öffnest du die umgeklappte Papierspitze etwas von innen und führst die beiden abgebildeten Talfalten und eine Bergfalte aus.

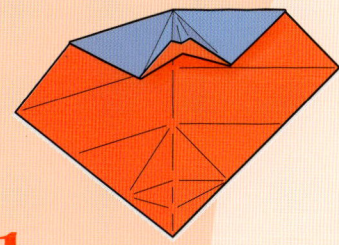

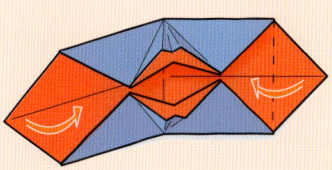

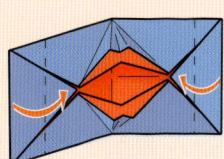

11 So sieht die Faltarbeit nun aus. Wiederhole die Schritte 7–10 auch an der unteren Spitze des Papiers.

12 Falte danach die Spitzen rechts und links entlang der Talfalte nach innen.

13 Nun die beiden Papierkanten rechts und links in der Hälfte nach innen falten ...

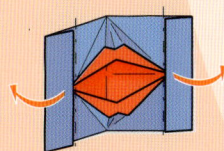

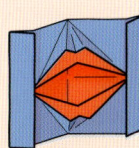

14 ... und diese beiden Seitenklappen entlang der Bergfalte nach hinten falten.

15 Danach den Mund aufstellen.

Überraschung, Überraschung!

Überraschung, Überraschung!

Du brauchst
✓ Faltpapier in Bunt, 15 cm x 15 cm
✓ Tonpapierstreifen in Grün und Gelb oder Braun und Schwarz, je 2,5 cm breit und ca. 30 lang
✓ Tonpapierrest in Weiß
✓ Klebstoff

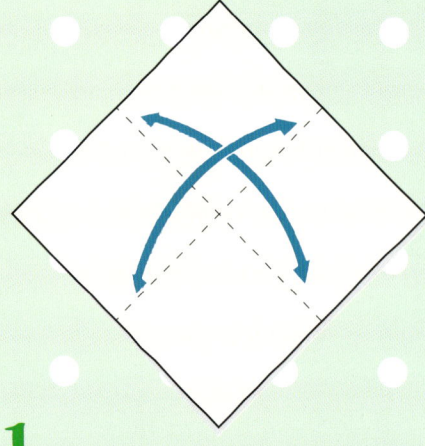

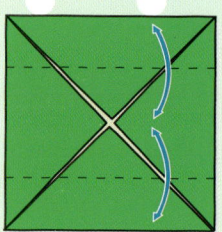

1 Zunächst faltest du das Papier in der Hälfte von Kante auf Kante, öffnest es wieder, wiederholst diesen Schritt für die anderen beiden Kanten und entfaltest es wieder.

2 Nun faltest du die Spitzen reihum entlang der Talfalten nach innen auf den Kreuzungspunkt.

3 Jetzt die obere und die untere Papierkante jeweils nach innen bis zum Mittelpunkt falten und wieder öffnen.

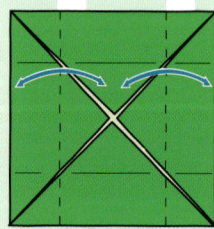

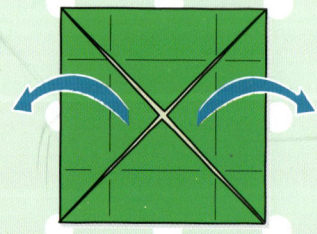

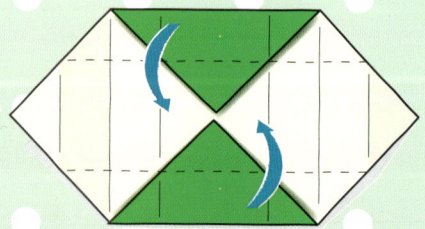

4 Das Gleiche wiederholst du für die Papierkanten rechts und links.

5 Falte die eingeklappten Spitzen rechts und links wieder auf ...

6 ... und falte die obere und unter Papierkante entlang der Talfalte nach innen. Stelle sie danach senkrecht auf.

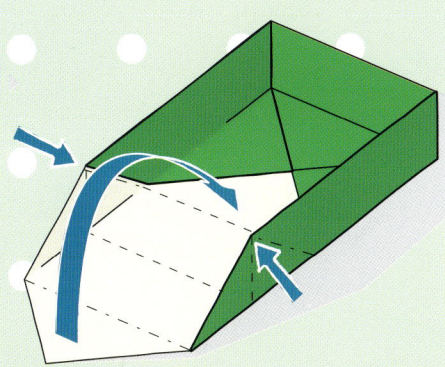

7 An dieser Stelle faltest du nun die Faltlinien am besten vor. Achte dabei auf die Berg- und Talfalten. Klappe dann die beiden mit einem kleinen Pfeil markierten Ecken in Pfeilrichtung nach innen auf die untere gestrichelte Linie und klappe gleichzeitig die rechte Spitze nach oben (siehe auch Abb. unten). Falte die Spitze dann zur Schachtelmitte.

8 Wiederhole diesen letzten Schritt auch noch für die andere Seite.

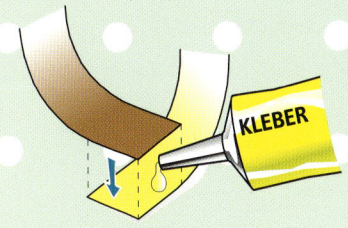

9+10 Nun ist die Überraschung an der Reihe. Dafür faltest du aus zwei Streifen eine Hexentreppe. Zunächst klebst du das Ende eines braunen Streifens wie abgebildet im rechten Winkel auf das Ende eines gelben Streifens. Falte dann abwechselnd den gelben Streifen quer über den braunen und den braunen quer über den gelben usw.

11 Wenn du damit fertig bist, schneidest du beide Enden bündig ab. Male dann ein Clownsgesicht oder eine andere Figur auf weißes Tonpapier, schneide das Gesicht aus und fixiere es an einer Ecke des oberen Streifens. Den Rest des Streifens fixierst du auf dem Ende des darunterliegenden Streifens. Klebe nun den Anfang deiner Hexentreppe in den Boden der Schachtel. Wenn du einen Deckel über den Boden stülpst, springt beim nächsten Öffnen der Schachtel eine lustige Figur aus ihr.

Christians Tipp

Wenn du zwei Schachteln faltest und bei der einen das quadratische Papier rundum einen halben Zentimeter kleiner zuschneidest, dann erhälst du Boden und Deckel für deine Schachtel.

Schiff,
ahoi!

Du brauchst
✓ Aquapapier in Weiß,
15 cm x 15 cm oder
20 cm x 20 cm

Schiff, ahoi!

1 Hier legst du das Papier mit der Seite, die man später am Boot sehen soll, nach oben auf den Tisch und faltest die untere Papierkante entlang der Talfaltlinie auf die obere Kante.

2 Wiederhole diesen Schritt noch einmal und klappe das Papier wieder zurück.

3 Nun faltest du die markierten Ecken der oberen Papierhälfte entlang der gestrichelten Linie zur Mittellinie. Achte aber darauf, dass du bei den beiden oberen Dreiecken rechts und links wirklich nur die obere Papierhälfte faltest.

8 Dein Boot sieht jetzt schon fast fertig aus. Nun teilst du es in drei gleich große Teile ein und faltest die untere Kante in Höhe des ersten Drittels und damit entlang der Talfaltlinie nach oben und wieder zurück.

9 Als Nächstes faltest du die beiden Spitzen des Bootes entlang der gestrichelten Linie nach links bzw. rechts, öffnest sie wieder und drückst das Boot flach, indem du die Spitzen nach innen faltest.

10 Jetzt noch die kleinen Spitzen rechts und links nach innen falten ...

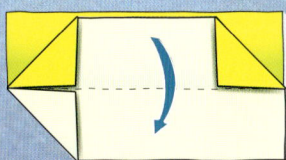

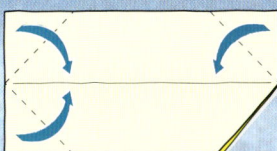

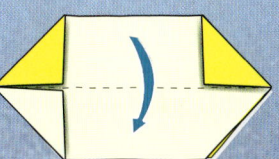

4 Dann wird die obere Papierlage entlang der gestri-chelten Linie nach unten gefaltet.

5 So sieht deine Faltung jetzt aus. Wende nun das Papier ...

6 ... und falte auch auf dieser Seite die markierten Dreiecke entlang der Talfaltlinie zur Mittelfalte.

7 Jetzt klappst du auch diese obere Papierlage entlang der Talfaltlinie nach unten.

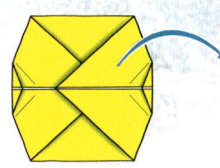

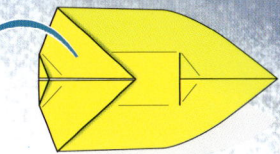

11 ... und das Boot wieder aufklappen.

12 Jetzt ist dein Boot bereit für seine Jungfernfahrt. Weißt du denn auch schon, wie es heißen soll?

Funkelnde
Meeresbewohner

Funkelnde Meeresbewohner

Du brauchst
✓ Metall-Faltpapier in verschiedenen Farben, 15 cm x 15 cm
✓ Schere

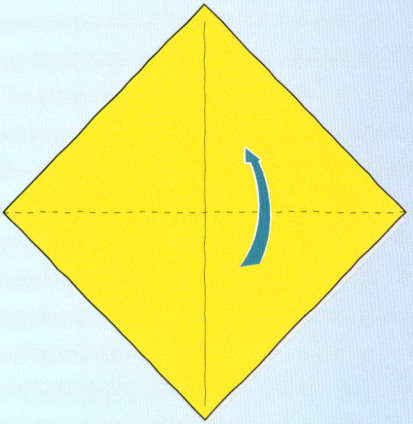

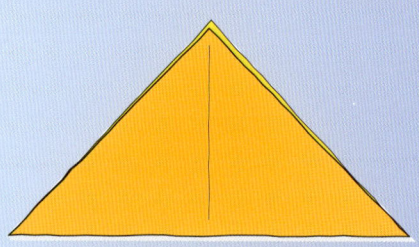

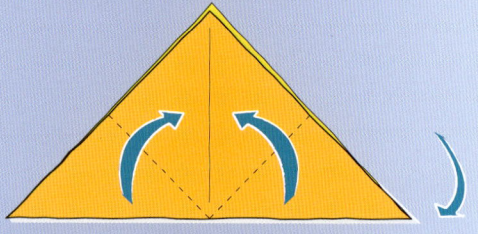

1+2 Lege das Papier wie abgebildet mit der einfarbigen Seite nach oben vor dich hin. Falte das Papier quer in der Mitte nach oben und halbiere es damit.

3 Nun faltest du die Spitzen rechts und links zur oberen Spitze und drehst das Ganze danach um 90 Grad, sodass die offene Spitze zu dir zeigt.

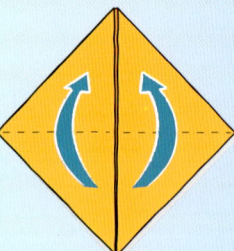

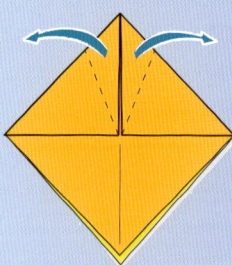

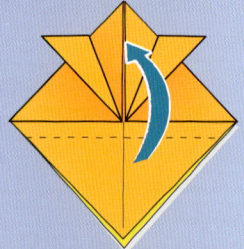

4 Jetzt faltest du die Spitzen der oberen Lage zur oberen Spitze.

5 Falte die beiden oberen Spitzen etwas zur Seite.

6 Falte nun die untere Spitze der oberen Lage an der Talfaltlinie nach oben, bis dahin, wo der Pfeil endet.

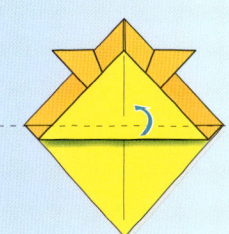

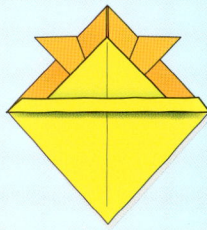

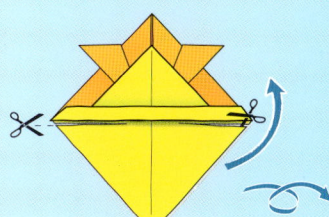

7 Klappe danach die untere Faltkante an der gestrichelten Linie nach oben.

8 So sieht deine Faltarbeit jetzt aus.

9 Nun schneidest du mit der Schere rechts und links unmittelbar unter der Faltkante zwei ca. 4 cm lange Schlitze ein, wende die Figur und klappe die untere Spitze entlang der Faltkante ebenfalls nach oben.

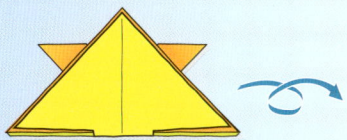

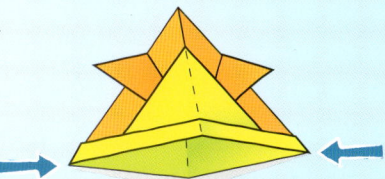

Christians Tipp
Du wünschst dir ein Aquarium und bekommst keins? Na und! Falte dir doch deine Fische und lasse sie an einem Mobile schwimmen!

10 So sieht sie danach auf der Rückseite aus. Wende die Figur wieder auf die Vorderseite.

11 Öffne die Figur nun von innen und drücke die beiden mit Pfeilen markierten Stellen zusammen.

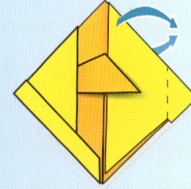

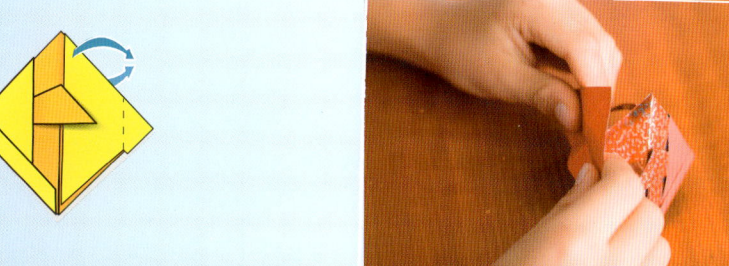

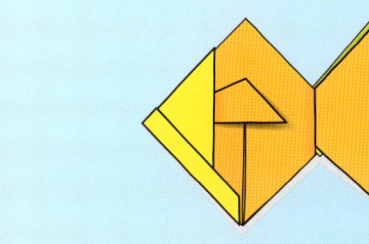

12 Jetzt die rechte Spitze der Figur dort, wo die Einschnitte enden, vorfalten und danach die Flossen nach rechts klappen.

Und fertig ist dein Fisch!

Du brauchst
✓ Faltpapier in einer beliebigen Farbe, 15 cm x 15 cm

1–4 Folge für die ersten vier Schritte der Anleitung auf Seite 81 (Teil 2).

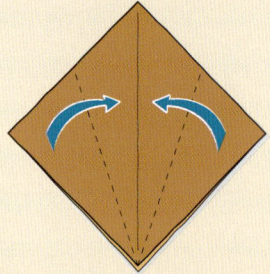

5 Falte die obere rechte und linke Papierkante an der Talfaltlinie zur senkrechten Mittellinie, sodass sich beide Kanten dort berühren.

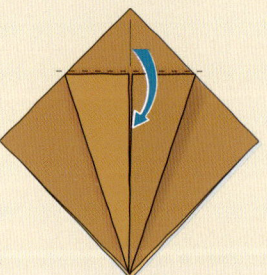

6 Nun faltest du die Spitze oben an der Markierung nach unten.

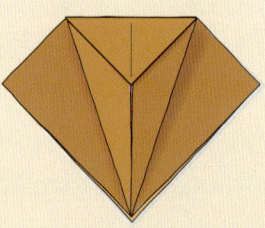

7 So sieht deine Faltarbeit jetzt aus.

Fliegender Kranich

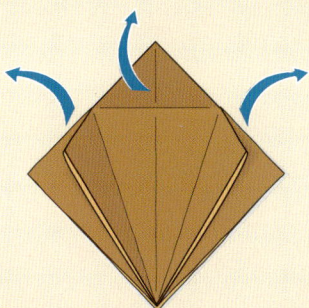

8 Öffne die letzten Faltungen wieder ...

9 ... und klappe auf der offenen Seite die obere Spitze wie abgebildet soweit wie möglich nach oben auf.

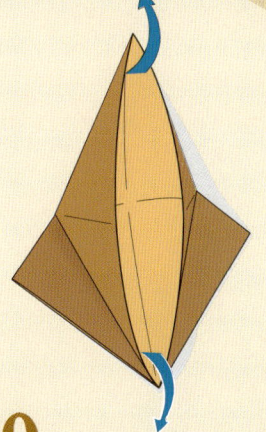

10 Die darunterliegende Spitze bleibt unten und die Seitenkanten werden nun nach innen auf die senkrechte Mittellinie gedrückt.

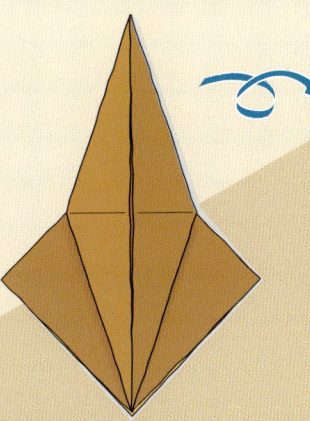

11 Streiche die Papierkanten glatt, damit deine Faltarbeit wie hier abgebildet aussieht, drehe sie um und wiederhole die Schritte 5–11 auf der anderen Seite ebenso.

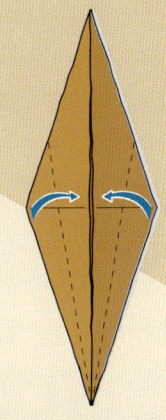

12 Nun faltest du die oberen Papierkanten rechts und links an den Talfaltlinien zur senkrechten Mittellinie.

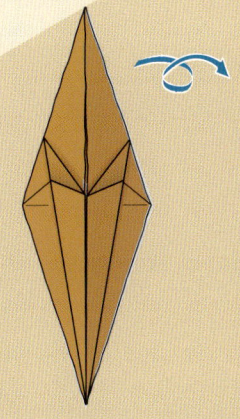

13 Und so sieht die Faltarbeit jetzt aus. Wende sie ...

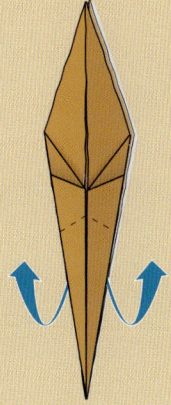

14 ... und wiederhole Schritt 12 auch für die andere Seite. Danach faltest du die beiden unteren Spitzen an den Talfaltlinien nach oben vor und wieder zurück, klappst die Spitzen auf und schiebst sie mit der geschlossenen Kante in Richtung Körpermitte des Kranichs.

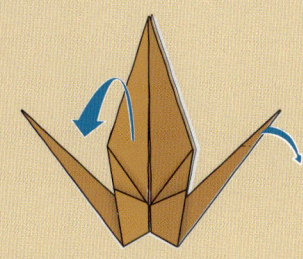

15 Jetzt noch den Kopf an der Markierung vorfalten und in Form bringen. Danach die Flügel nach unten biegen ...

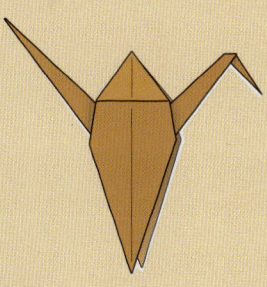

16 ... und den Kranichkörper ganz behutsam an den Flügeln auseinanderziehen. Dann mit einer Hand unten den Hals festhalten und mit der anderen kräftig am Schwanz ziehen. Nun kann dein Kranich fliegen.

Stolzer Schwan

Stolzer Schwan

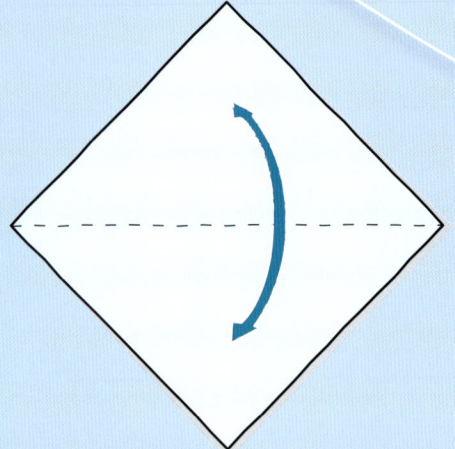 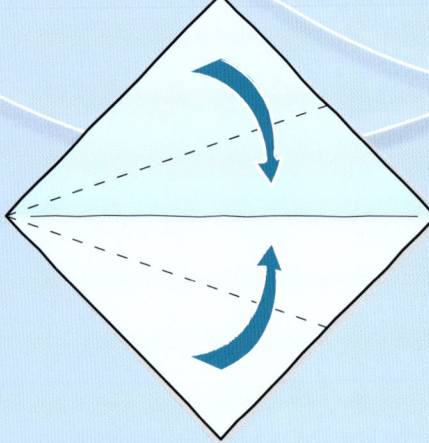 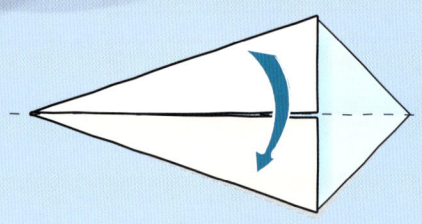

1 Lege das quadratische Papier wie abgebildet vor dich hin und falte die untere Spitze nach oben auf die Spitze. Öffne das Papier wieder.

2 Nun die beiden linken Papierkanten auf die Mittellinie falten.

3 Die obere Papierkante entlang der Talfaltlinie nach unten klappen.

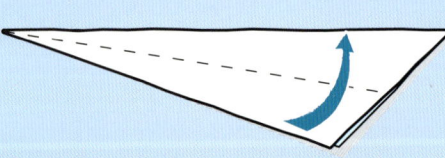 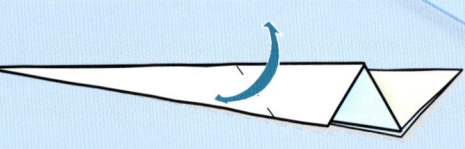 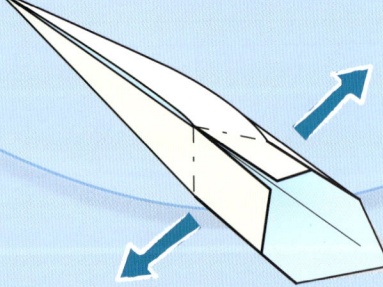

4 Jetzt faltest du die untere Kante an der Talfaltlinie nach oben und wiederholst diesen Vorgang auch für die andere Seite.

5+6 Falte nun die linke Spitze entlang der Talfaltlinie nach oben vor und wieder zurück. Klappe danach die linke Spitze auf ...

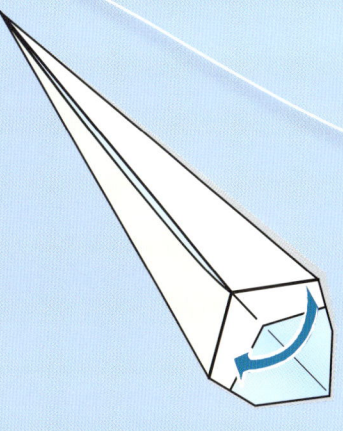

7 ... und stülpe sie, wie auf dem Foto unten rechts zu sehen, nach oben hin um.

8 Den oberen Bereich der Spitze entlang der Talfaltlinie schräg nach unten falten und wieder zurückklappen.

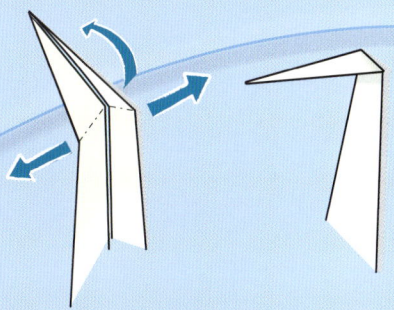

9+10 Danach die Spitze wie abgebildet aufklappen und nach außen hin umstülpen.

Weiter geht es auf Seite 50.

11 – 13 Nur noch wenige Faltschritte und du bist am Ziel. Falte die Schnabelspitze an den markierten Stellen vor und drücke die Spitze wie abgebildet in Richtung Schwanenhals ein.

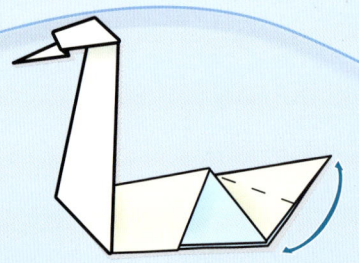 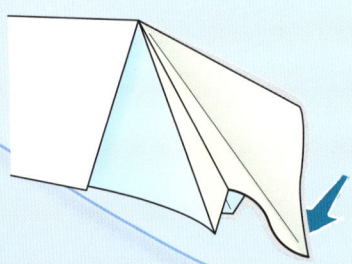 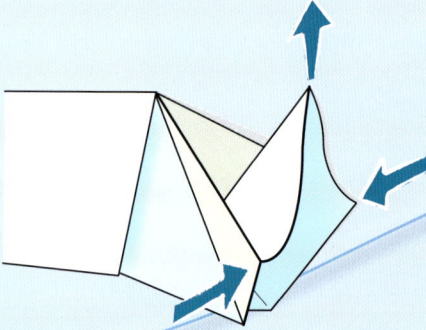

14 Jetzt ist die Schwanzspitze an der Reihe. Falte sie entlang der Talfaltlinie vor, ...

15 ... öffne sie leicht und drücke sie danach nach unten.

16 Ziehe die Spitze wieder ein Stück nach oben und drücke sie seitlich wieder zu.

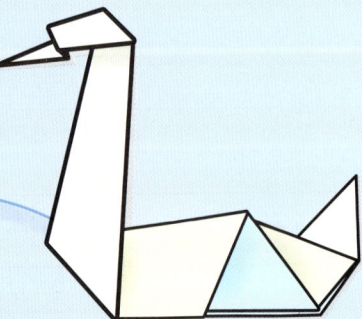

Fertig ist dein schöner Schwan!

Nachtaktive Höhlenbewohner

Modell von Christian

Nachtaktive Höhlenbewohner

Du brauchst
✓ Knautschpapier oder anderes Faltpapier in Schwarz, 15 cm x 15 cm

1-4 Folge zunächst den Faltschritten 1–4 auf Seite 86.

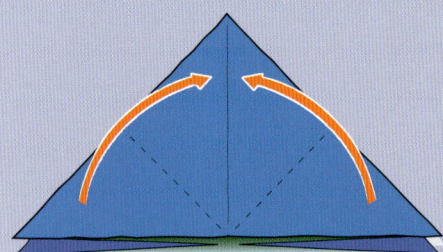

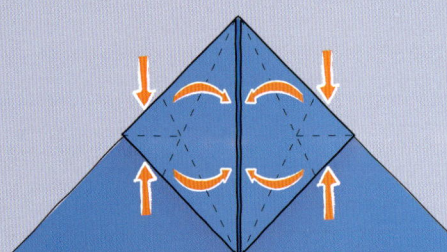

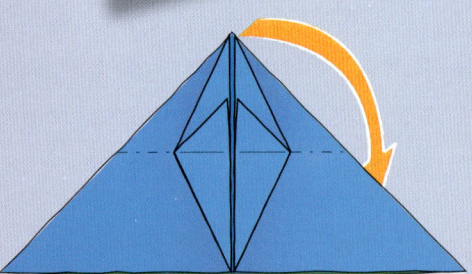

5 Nun faltest du die oberen Ecken rechts und links an der senkrechten Mittellinie entlang nach oben zur Spitze.

6 Falte das entstandene Quadrat nun an den Talfaltlinien vor und klappe anschließend die Seitenteile beider Hälften nach innen bis zur Mittellinie. Dabei bleibt in beiden Hälften mittig ein Dreieck senkrecht nach oben stehen.

7 Jetzt faltest du die obere Spitze an der Bergfaltlinie nach hinten um.

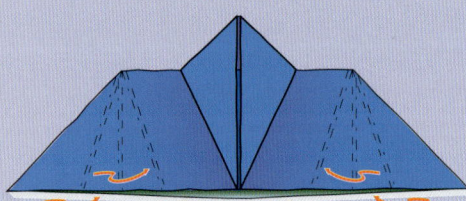

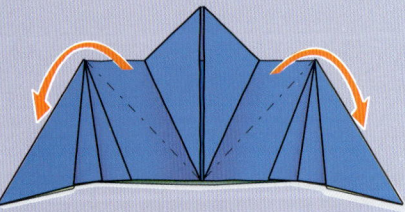

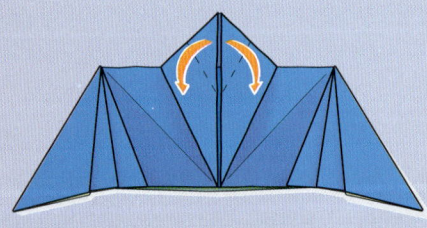

8 Danach faltest du am linken Flügel im Wechsel von links nach rechts eine Bergfalte und eine Talfalte. Wiederhole diesen Schritt noch zwei Mal an diesem Flügel und lasse zwischen den Faltpaaren immer ein wenig Platz. Wiederhole diese Schritte nun auch für den rechten Flügel, beginne aber von rechts nach links mit den Faltungen. Danach schiebst du jeden Flügel leicht zusammen, sodass jeweils drei Falten entstehen.

9 Falte die Flügel rechts und links nun nacheinander an der Bergfaltlinie leicht nach hinten, um der Fledermaus mehr Form zu geben.

10 Nun sind die Ohren an der Reihe. Falte dazu die obere Lage der oberen Spitze an den Talfaltlinien um ...

11 ... und falte die nun entstandenen Spitzen knapp nach unten und wieder zurück. Jetzt kannst du die Ohren so, wie sie in Schritt 12 aussehen, in Form bringen.

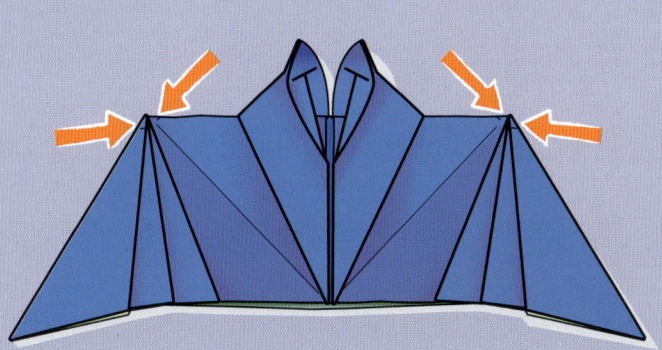

12 An den oberen Flügelspitzen noch kleine Faltungen ausführen und die Flügel danach ebenfalls leicht in Form biegen.

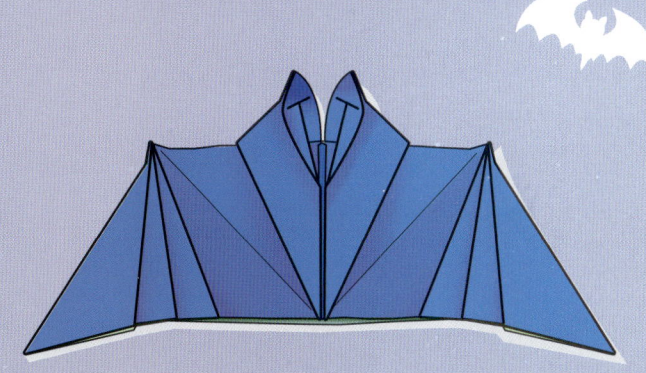

Deine kleine Fledermaus kann nun nachts in deinem Zimmer auf Futtersuche gehen.

Wie entstand diese Figur?

Ich saß während der kleinen Pause in der Schule da und wollte mir ganz schnell noch einen Flieger falten, aber irgendwie wollte der Flieger dann nicht fliegen. Wütend habe ich ihn zerrissen, doch dann ... Was vom Flieger übrig blieb, hatte schon eine leichte Ähnlichkeit mit einer Fledermaus. Also probierte und faltete ich drauflos, und bald darauf war die Fledermaus perfekt. Zu Halloween hängen ein paar davon in meinem Zimmer.

Gefährlicher Drache

Gefährlicher Drache

Du brauchst
✓ Falt- oder Geschenkpapier mit Schuppenoptik in Grün oder Grau, 15 cm x 15 cm

1–11 Folge für die ersten Schritte zunächst den Anleitungen 1–11 auf Seite 44/45.

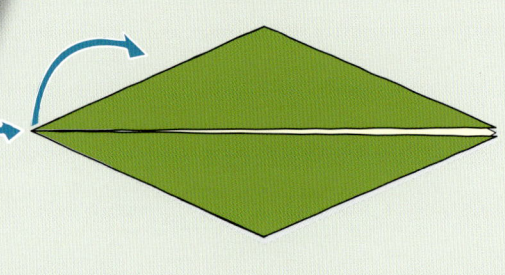

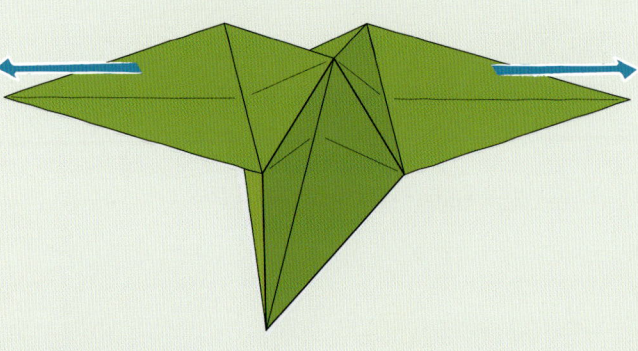

12+13 Nun zeigt die offene Spitze nach rechts (12). Nimm die beiden Spitzen, die auf der linken Seite liegen, und ziehe sie wie abgebildet auseinander (13), ...

14 ... sodass du eine glatte Fläche erhälst.

15 Stelle das Papier danach mit der glatten Fläche auf den Tisch, die Spitze zeigt dabei nach oben. Drücke die beiden sich gegenüberliegenden Seiten vorne und hinten entlang der Talfaltlinien in die Mitte ...

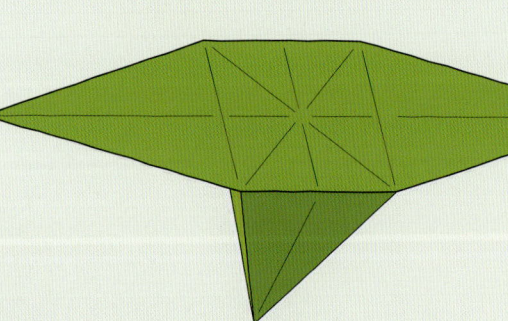

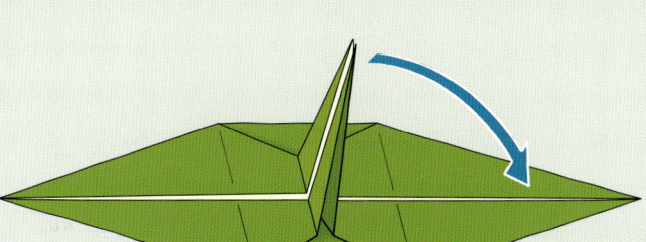

16 ... und streiche sie nach unten zur Auflagefläche hin fest. Klappe die beiden Spitzen, die nach oben zeigen, dann nach rechts.

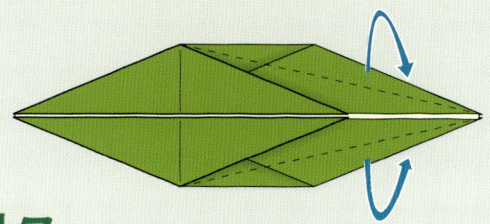

17 Jetzt faltest du die beiden markierten Papierkanten entlang der gestrichelten Linien nach hinten.

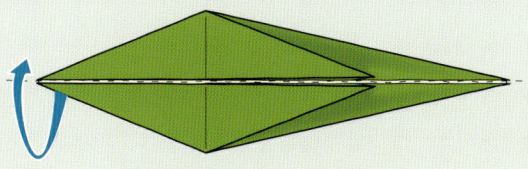

18 Als Nächstes wird die untere Drachenhälfte entlang der gestrichelten Linie nach hinten gefaltet.

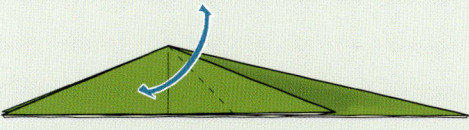

19 Falte die linke Spitze nun entlang der gestrichelten Linie nach oben und wieder zurück.

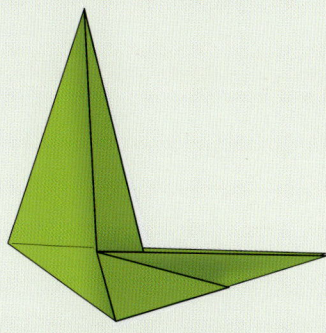

20 Richte die linke Spitze nun auf, indem du sie nach oben und gleichzeitig nach innen schiebst.

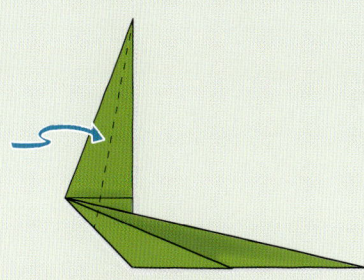

21 Danach faltest du die obere Lage der Spitze entlang der gestrichelten Linie nach rechts und klappst den oberen Teil nach innen.

22 Das Gleiche wiederholst du auf der Rückseite für die hintere Papierlage.

23 Nun die Spitze wie eingezeichnet falten, wieder öffnen ...

24 ... und am Knick nach links außen falten.

Weiter geht es auf Seite 60.

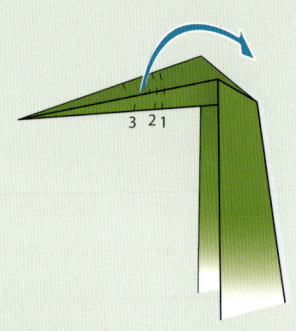  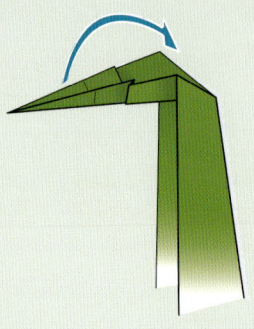

25 Falte die Spitze entlang der Linien vor.

26 Öffne sie dann und knicke die Spitze an der ersten Linie nach rechts innen.

27 An der zweiten Linie knickst du sie wieder nach links ...

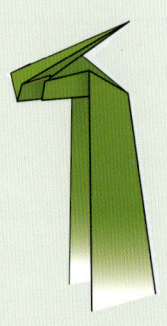 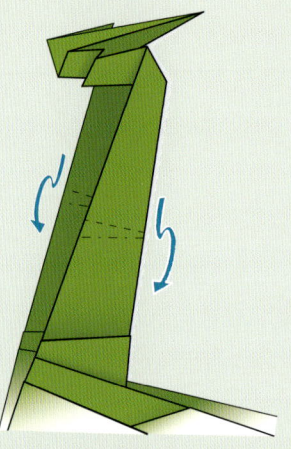

28 ... und am dritten Knick klappst du die Spitze wieder nach rechts. Der Kopf des Drachen ist nun fertig.

29+30 In der Mitte des Halses führst du wie abgebildet die Faltungen (Berg- und Talfalten) aus und schiebst die obere Hälfte auf beiden Seiten entlang der Linien über die untere Hälfte.

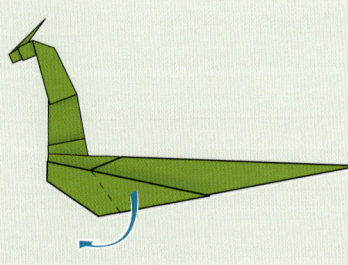 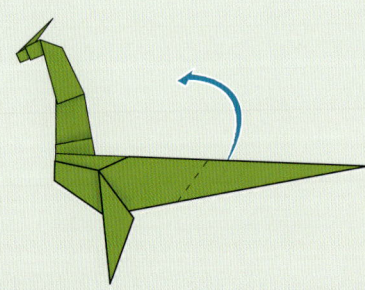 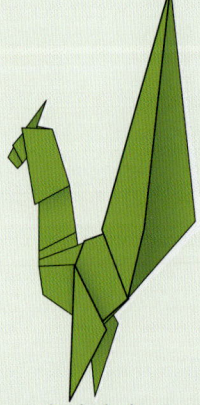

31 Nun die Beine auf beiden Seiten entlang der Talfaltlinie nach unten falten.

32 Die Schwanzspitze danach wie gezeigt falten ...

33 ... und wie beim Drachenhals (Schritt 20) nach innen schieben und dabei nach oben hin aufrichten.

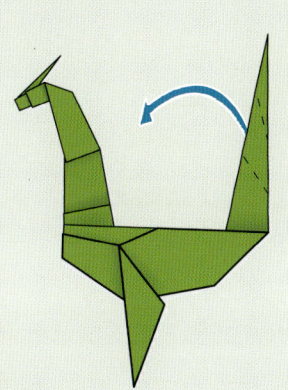

34 Jetzt faltest du die Spitze weiter wie abgebildet, ...

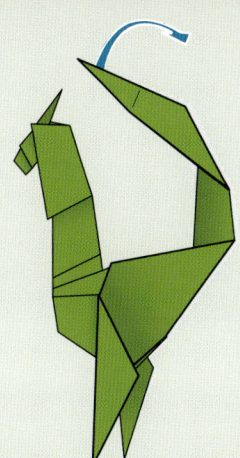

35 ... öffnest die Spitze wieder und faltest sie am unteren Knick nach links außen.

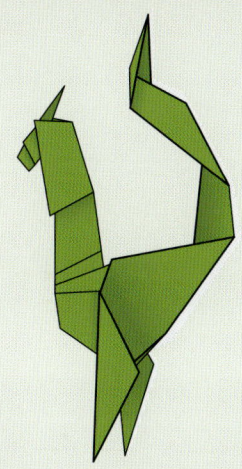

36 Am oberen Knick klappst du die Spitze schließlich nach rechts außen.

37 Und nun sind die Krallen dran. Falte die kleine Spitze an den gestrichelten Linien vor, ...

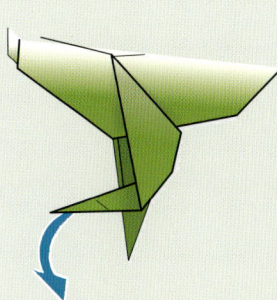

38 ... öffne die Spitze und falte sie am oberen Knick nach links innen ...

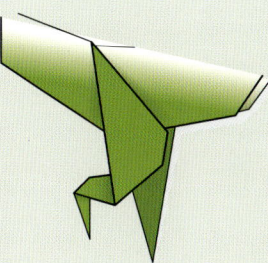

39 ... und am unteren Knick nach unten. Das Gleiche wiederholst du auch auf der anderen Seite.

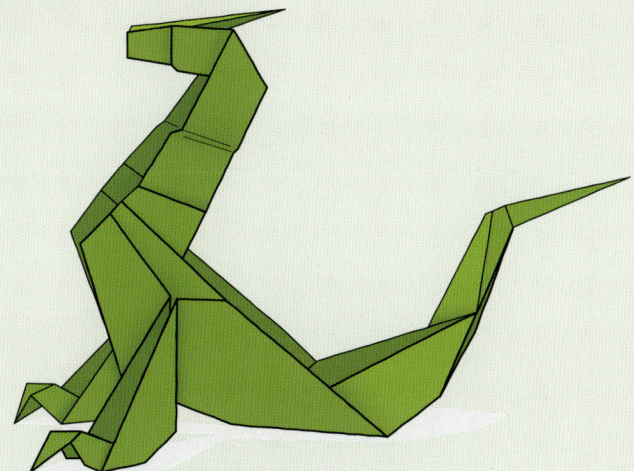

Dein Drache ist fertig und kann jetzt deine Burg angreifen. Sind deine Ritter schon alarmiert?

Christians Tipp

Die kleinen Glückssterne falte ich besonders gern und oft, sie machen einfach Spaß. Wenn man jemanden besonders gern hat, sollte man ihm Glückssternchen schenken. Jedes Sternchen bringt Glück und ganz viele Sterne bringen noch mehr Glück.

Es regnet Glückssterne

Du brauchst
- ✓ Tonpapier in einer beliebigen Farbe, 1,5 cm x 29 cm
- ✓ evtl. Schere

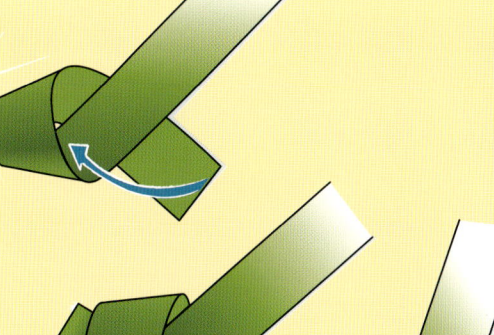

1 Als Erstes nimmst du den Steifen an einem Ende und machst vorsichtig einen Knoten hinein.

2 Ziehe den Knoten sehr behutsam enger, sodass die Streifenenden schön eingefasst sind. Drücke ihn anschließend flach.

3 Jetzt faltest du das kürzere Ende nach hinten um, drehst den Streifen ...

4 ... und steckst dieses Ende in die Tasche, die auf der Rückseite zu sehen ist.

5 Wende den Streifen erneut.

6 Wickle nun das lange Ende des Steifens schön straff nach und nach um den Stern. Führe den Streifenrand dabei immer genau an den Kanten des Sternes entlang. Beachte, dass du immer an einer anderen Kante entlangwickelst, aber das passiert fast schon automatisch.

7 Wenn du kurz vor dem Ende angekommen bist, klappst du den Streifen ein letztes Mal um und steckst das Ende in die entstandene Lasche. Sollte noch ein Rest des Streifens herausschauen, ziehst du das Ende wieder heraus und schneidest es entsprechend zu.

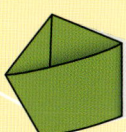

8 So sollte dein Stern jetzt aussehen.

9 Nun nimmst du den Stern in deine linke Hand und drückst die Seiten vorsichtig mit deinem Daumennagel nach innen.

So plustert sich der Stern nach und nach auf.

Bezaubernde Seerosen

Du brauchst
✓ Strohseidenpapier in Rosatönen, 17 cm x 17 cm (für eine gefüllte Seerose brauchst du außerdem noch jeweils ein Strohseidenpapier in 21 cm x 21 cm und 24 cm x 24 cm)

1+2 Folge zunächst den Faltschritten 1 und 2 auf Seite 34.

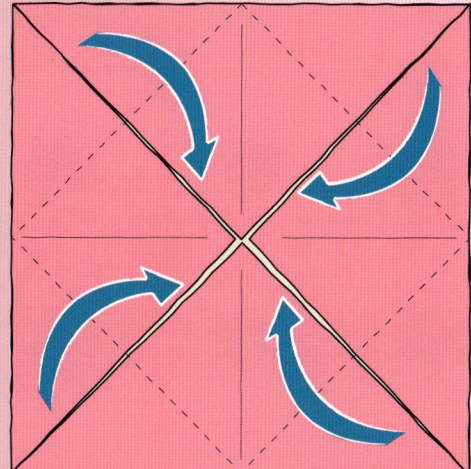

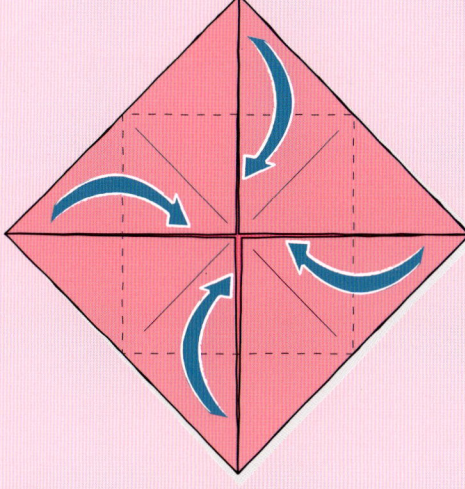

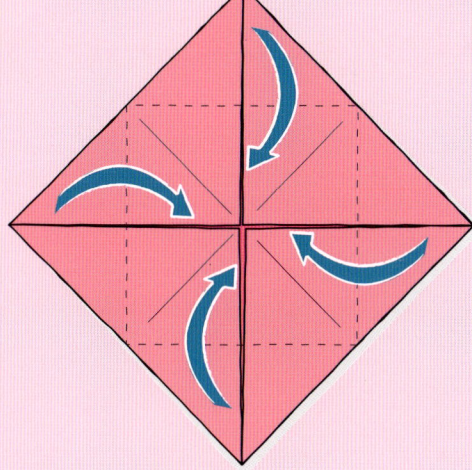

3 Falte danach alle vier Spitzen entlang der Talfaltlinie nach innen zum Mittelpunkt des Quadrats – dort müssen sich alle Spitzen treffen.

4 Falte erneut alle vier Spitzen zum Mittelpunkt, wo sich alle vier Spitzen treffen. Drehe deine Faltarbeit nun um ...

Christians Tipp
Diese tolle Seerose kannst du aus verschiedenen Papieren falten, aber weich muss das Papier sein, du kannst Strohseide oder auch eine Serviette nehmen. Mit den Seerosen kannst du ganz toll den Frühstückstisch am Muttertag decken oder kleine Geschenkpäckchen dekorieren.

Weiter geht es auf Seite 66.

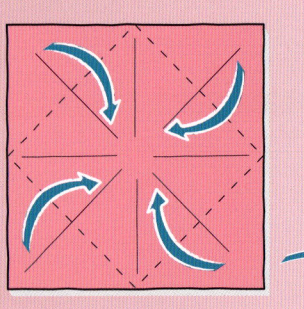

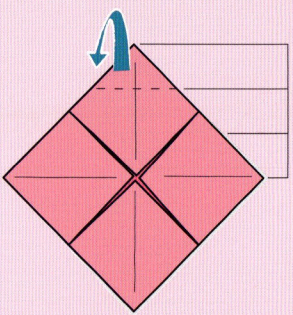

5 ... und falte wieder alle vier Spitzen nach innen zum Mittelpunkt. Drehe das Papier danach wieder um.

6 Jetzt teilst du die obere Hälfte der Raute in drei gleichgroße Abschnitte auf und faltest den oberen Abschnitt entlang der Talfaltlinie nach unten.

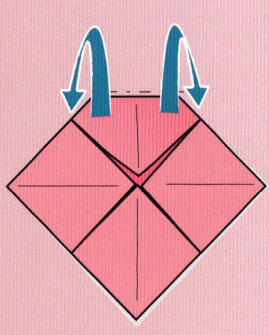

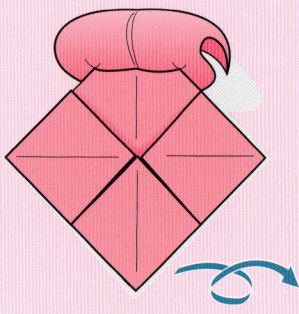

7 Klappe den oberen Abschnitt dann nach hinten und stülpe dabei die obere Lasche ebenfalls nach hinten um. Halte dabei die umgeklappte Spitze immer mit deinem Daumen der anderen Hand fest.

8 So sieht deine Faltarbeit jetzt aus. Wende sie ...

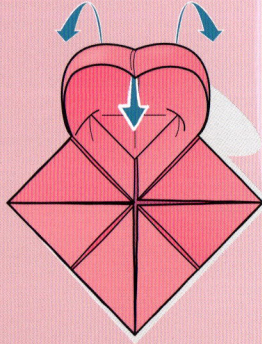

9 ... und forme die Blüte weiter aus.

10 Wiederhole die Schritte 6–9 auch für die anderen drei Blütenblätter.

11 Nun stülpst du die übrigen vier Papierspitzen, die noch auf der Rückseite deiner Seerose zu sehen sind, nach vorne um. Damit deine Seerose so schön gefüllt aussieht, musst du noch eine zweite oder gar dritte größere Seerose falten und die kleine dort hineinsetzen.

Magische Elfenstiefel

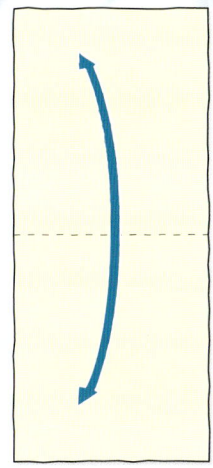

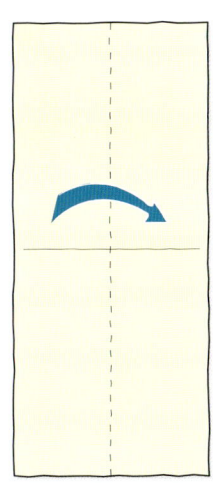

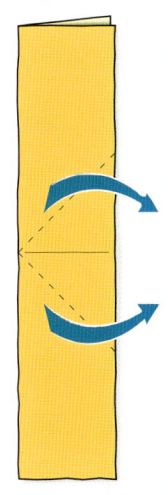

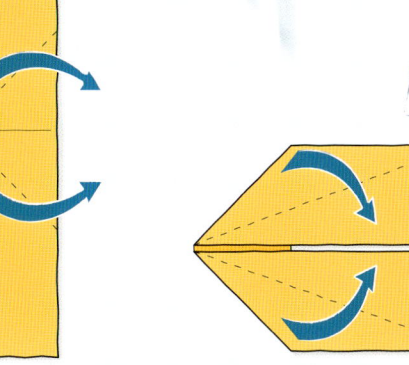

1 Zunächst legst du das Papier mit der schönen Seite, die man später sehen soll, nach unten auf den Tisch. Dann faltest du die kurzen Kanten des Rechtecks aufeinander und öffnest es wieder.

2 Nun faltest du die langen Kanten ebenfalls aufeinander.

3 Als Nächstes werden beide Hälften der linken Kante jeweils im rechten Winkel nach rechts gefaltet, sodass sie an der mittleren Faltlinie anliegen.

4 Falte die kürzeren der gerade gefalteten Kanten so, dass sie auf der waagerechten Mittellinie aufliegen.

5 Nun klappst du die obere Hälfte des Stiefels entlang der Talfaltlinie nach unten.

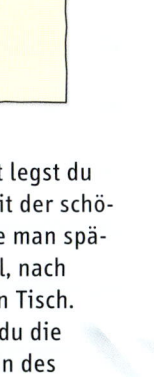

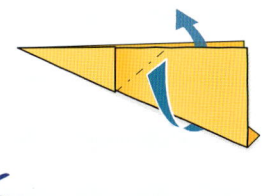

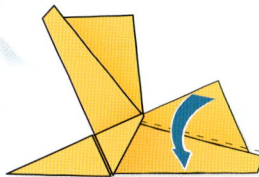

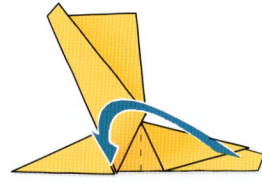

6 Jetzt faltest du wie eingezeichnet eine Bergfaltlinie, indem du die rechte obere Papierlage entlang der Strichpunktlinie nach hinten faltest, sodass sie nach oben zeigt, aber immer noch über der Papierlage darunter liegt. Um den Stiefel für den linken Schuh herzustellen, einfach an dieser Stelle das Papier wenden – die Spitze zeigt dann nach rechts – und dieselbe Faltung sowie alle weiteren Schritte von der anderen Seite aus ausführen.

7 Danach klappst du die dreieckige Lasche entlang der gestrichelten Linie nach unten. Dabei sollte die Spitze des Dreiecks mit der unteren Papierkante abschließen.

8 Falte nun die nach rechts zeigende Stiefelhälfte entlang der Talfaltlinie in Pfeilrichtung nach links zur Stiefelspitze und stecke das Ende in die kleine Tasche, die sich gebildet hat.

9 Danach den Schaft ausformen und die Stiefelspitze nach oben biegen. Nun können deine Stiefelchen auf Wanderschaft gehen.

Geheimer Brief

Du
brauchst
✓ buntes Papier, A4

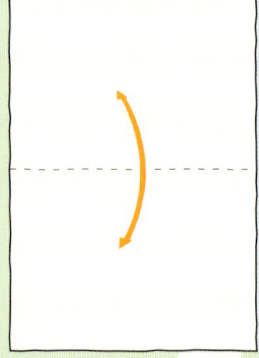

1 Lege das Papier mit der beschrifteten Seite nach oben vor dich hin. Falte das Papier nun in der Hälfte zusammen und öffne es wieder.

2 Nun faltest du die untere linke Spitze entlang der Talfaltlinie auf die waagerechte Faltlinie.

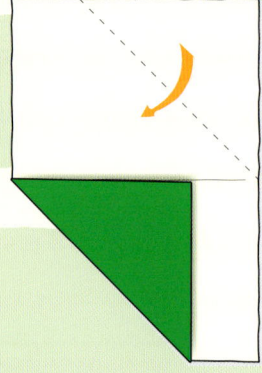

3 Wiederhole diesen Schritt auch für die obere rechte Spitze.

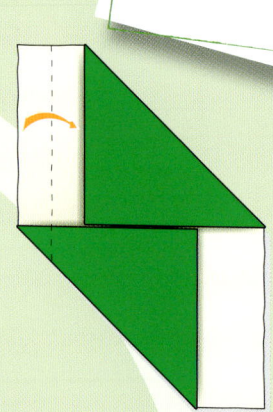

4 Jetzt faltest du die linke Papierkante an die linke Kante des oberen Dreiecks.

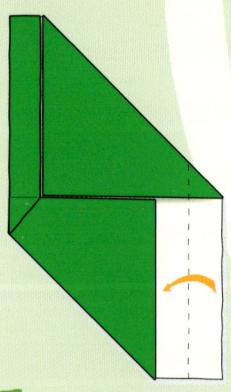

5 Wiederhole diesen Schritt auch für die untere rechte Papierkante und falte sie an die rechte Kante des unteren Dreiecks.

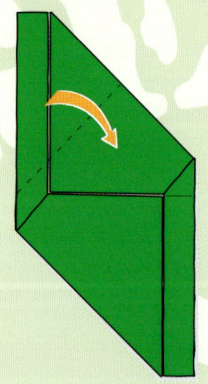

6 Als Nächstes faltest du die linke obere Papierkante entlang der Talfaltlinie nach unten und zwar so, dass sie die waagerechte Faltlinie berührt.

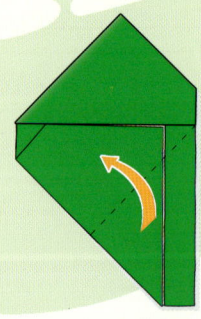

7 Diesen Schritt auch für die rechte untere Papierkante wiederholen.

8 Zum Schluss steckst du die Spitzen rechts und links in die darunterliegenden Taschen. Fertig!

Christians Tipp

Einen Brief kannst du auch ganz normal in der Hälfte falten und in einen Briefumschlag stecken. Wenn du aber diesen hier faltest, kannst du dir sicher sein, dass nur der den Brief liest, für den er auch bestimmt ist. Ein anderer würde den Brief wahrscheinlich gar nicht mehr so verschließen können.

Chrissys Kaleidozyklus

Modell von Jan Spütz, von Christian abgewandelt

Chrissys Kaleidozyklus

Du brauchst
- ✓ Faltpapier in verschiedenen Farben, 80 g/m², insgesamt 8 x 7,5 cm x 7,5 cm

1–3 Orientiere dich für die ersten Schritte an den Faltungen 1–3 auf Seite 86.

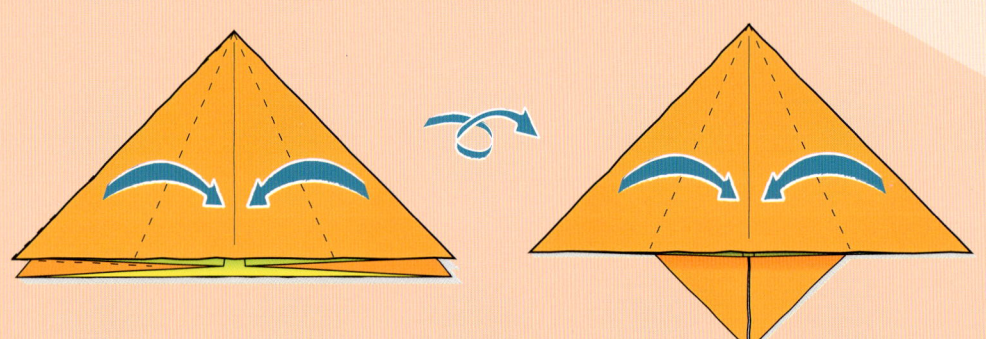

4 Jetzt sollte deine Faltarbeit eine dreieckige Grundform haben. Falte die oberen Papierkanten rechts und links entlang der Talfaltlinie zur senkrechten Mittellinie. Drehe die Form danach um ...

5 ... und wiederhole diesen Schritt auch auf dieser Seite.

6 So sieht deine Faltarbeit jetzt aus.

7 Nun klappst du die rechte obere Papierlage wieder nach rechts auf und öffnest diese Form etwas. Greife dann mit dem Daumen in den entstandenen Trichter und drücke die rechte Papierkante auf die mittlere Faltlinie deiner Faltarbeit. Klappe danach die obere Papierlage wieder nach rechts um und streiche diese Faltung glatt.

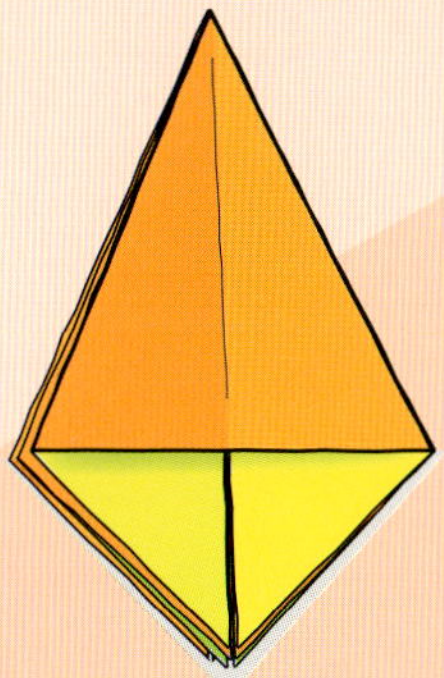

8 Das Gleiche wiederholst du nun auch für die anderen drei Papierlagen, sodass deine Faltarbeit diese Form erhält. Nun ist eines deiner Grundmodule fertig. Für den Kaleidozyklus benötigst du insgesamt acht dieser Module.

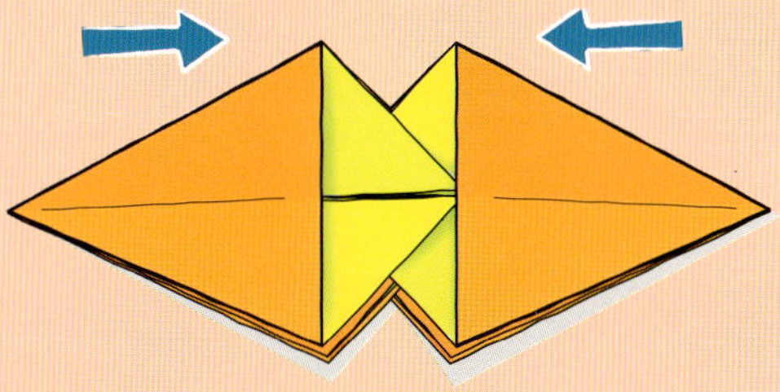

9 Wenn du mit dem Falten aller acht Module fertig bist, geht es ans Zusammenstecken. Lege dazu für den Anfang zwei Module mit den offenen Seiten zueinander hin. Jetzt musst du jeweils die oberen beiden Spitzen ineinanderschieben. Falls dir diese Stelle zu knifflig ist, kannst du auch einen Erwachsenen um Hilfe bitten.

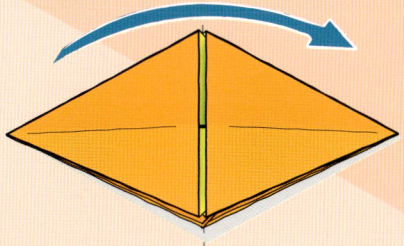

10 Danach klappst du das linke Modul nach rechts um.

Weiter geht es auf Seite 76.

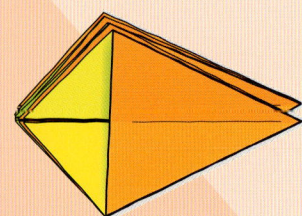

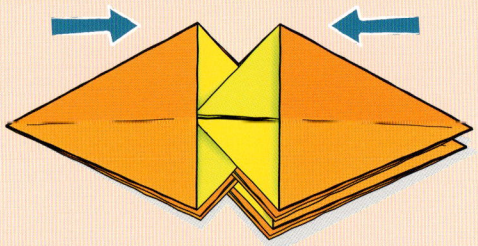

11 So sieht dein Faltarbeit jetzt aus. Die unteren Spitzen weisen auch nach links.

12 Schiebe nun das nächste Modul in die oberen Spitzen deines ersten Moduls und fahre so für alle weiteren Module fort. Wenn du das achte Modul einsteckst, wird es etwas kniffliger, da du dieses an beiden Seiten in bereits zusammengefügte Module stecken musst.

Christians Tipp
Das Falten der einzelnen Teile für den Kaleidozyklus ist nicht schwer. Beim Zusammenstecken der acht Teile brauchst du allerdings etwas Fingerspitzengefühl. Wenn der Kaleidozyklus fertig ist, ist er deine Belohnung. Du kannst ihn ohne Ende in sich drehen und dabei seine Form verändern.

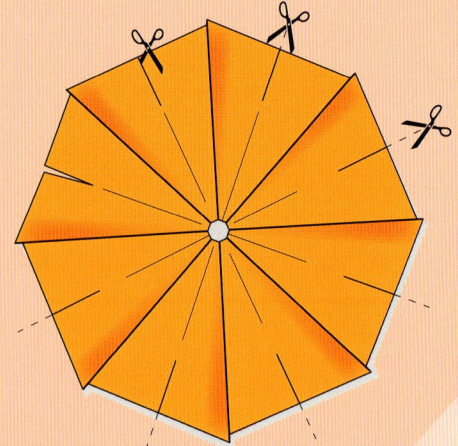

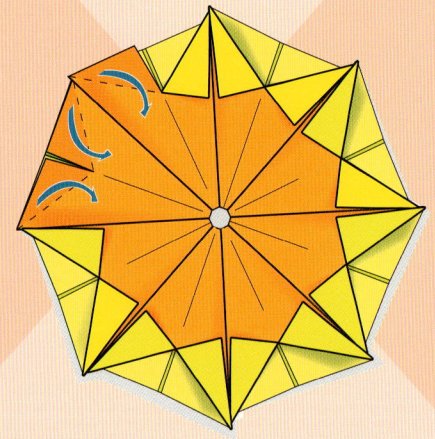

13 Jetzt ist der Kaleidozyklus eigentlich fertig und kann aufgeklappt werden. Wenn du möchtest, kannst du die markierten Flächen seitlich am Kaleidozyklus noch ca. 1 cm tief einschneiden.

14 Die entstandenen Ecken kannst du dann wie abgebildet umklappen. Dadurch bekommt dein Kaleidozyklus eine ganz andere Wirkung.

Wirbelwind

Modell von Christian

Wirbelwind

Teil 1

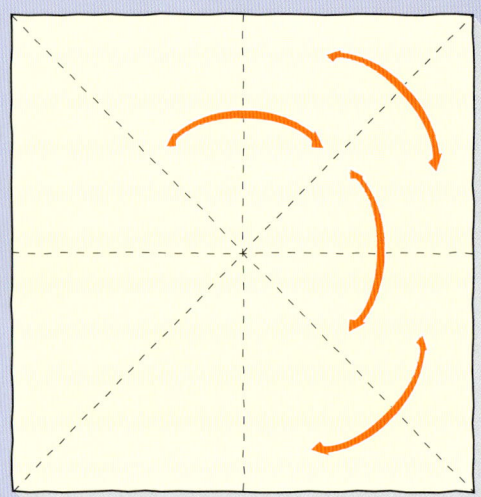

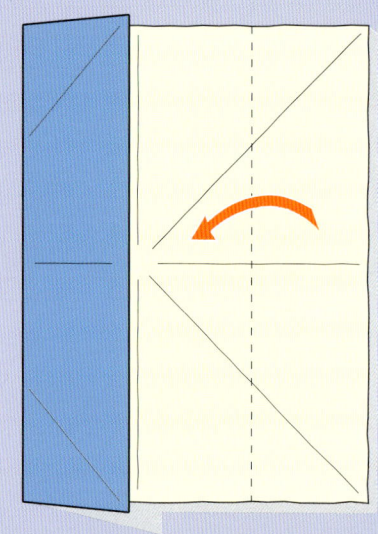

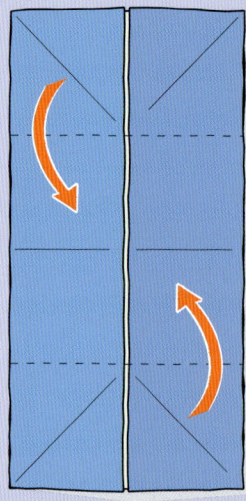

1 Der Wirbelwind besteht aus drei Teilen, die du ineinanderstecken musst. Zuerst beginnst du mit dem unteren Teil. Lege dazu das Papier mit der Seite, die später zu sehen sein soll, nach unten auf den Tisch. Falte das Papier dann entlang der eingezeichneten Talfaltlinien vor, wobei du das Papier immer wieder öffnest.

2 Nun faltest du die Papierkanten rechts und links jeweils auf die Mittellinie.

3 Das Gleiche wiederholst du nun für die Papierkanten oben und unten.

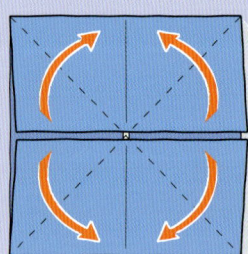

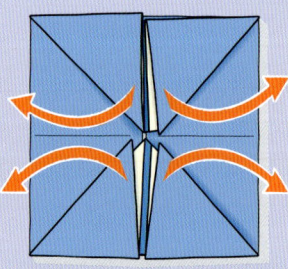

4 Jetzt faltest du die innenliegenden Spitzen mittig auf die obere bzw. untere Papierkante.

5 Danach klappst du die gerade entstandenen Dreiecke zu den Seiten hin auf und du erhälst kleine Tüten. Orientiere dich dafür auch an der Zeichnung in Schritt 6.

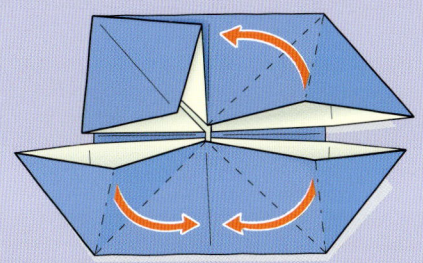

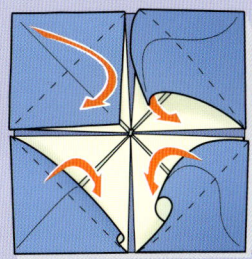

6 Falte die Mittellinie dieser Tütenformen dann auf die obere bzw. untere Papierkante, sodass sich ein Quadrat bildet.

7 Nun faltest du die innenliegenden Spitzen auf die äußeren Spitzen und klappst sie entlang dieser Talfaltlinie dann nach innen um.

8 Der erste Teil deines Wirbelwindes ist nun fertig.

Teil 2

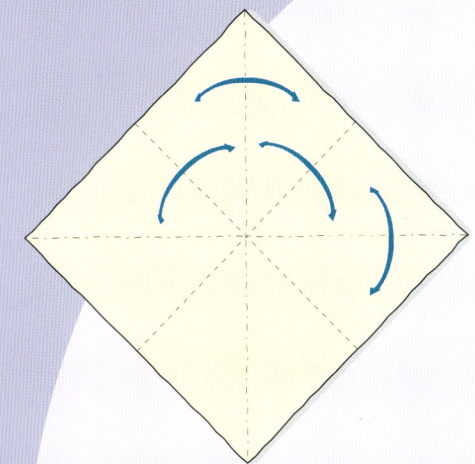

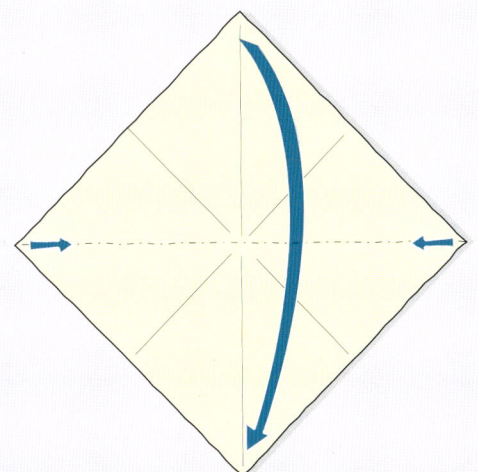

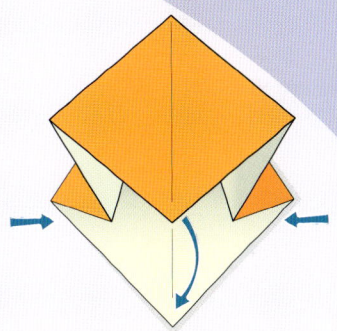

9 Lege als Erstes das Papier mit der schönen, bedruckten Seite nach unten auf den Tisch und falte das Papier an den eingezeichneten Linien vor. Achte darauf, dass du für die waagerechte und senkrechte Linie eine Bergfalte machst. Lege das Papier danach wieder glatt vor dich hin.

10 Nun klappst du die beiden Ecken rechts und links nach oben, sodass sie sich berühren ...

11+12 ... und legst die obere Ecke dabei auf die untere. Streiche das Papier entlang der Kanten schön glatt.

Weiter geht es auf Seite 82.

Teil 3

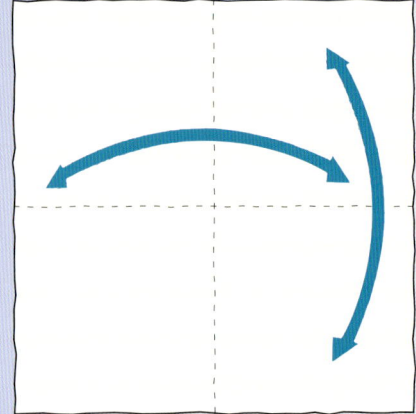

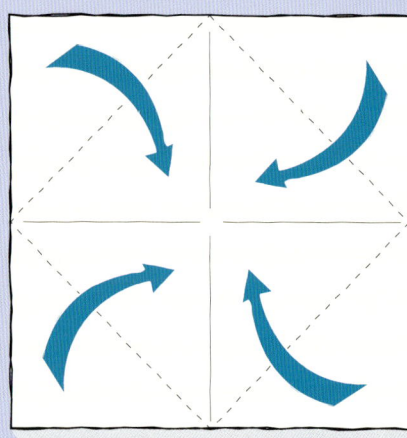

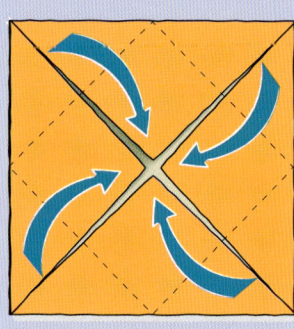

13 Nun folgt der dritte Teil. Lege dazu das Papier mit der Seite nach unten auf den Tisch, die später außen zu sehen sein soll, und falte das Papier wie abgebildet zusammen und öffne die Faltungen wieder.

14 Danach faltest du alle vier Spitzen nach innen auf den Mittelpunkt.

15 Wiederhole das Ganze noch einmal.

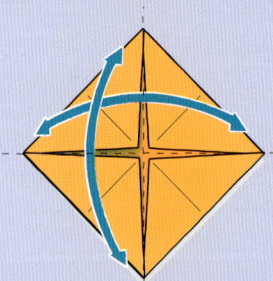

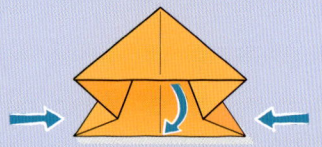

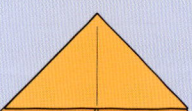

16 Jetzt klappst du das Quadrat entlang der Talfaltlinien diagonal zusammen und wieder auf. Falte in einem nächsten Schritt die obere Papierkante nach unten und drücke gleichzeitig die mit einer Bergfaltlinie markierten Seitenpunkte nach innen.

17 So sollte deine Faltarbeit jetzt aussehen.

Wirbelwind zusammenbauen

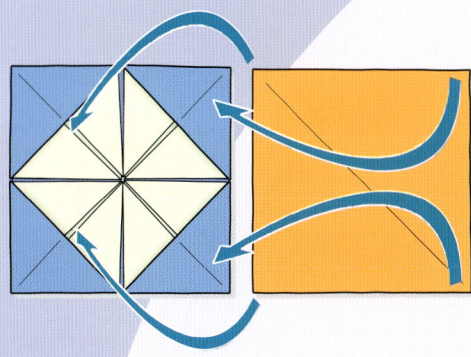 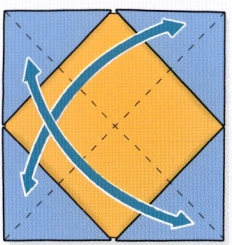

18 Nun musst du alle drei Teile zusammenfügen. Lege das zweite Teil mit den Spitzen voran in die dreieckigen Taschen des Unterteils.

19 Danach faltest du die Faltarbeit noch einmal entlang der Talfaltlinien, um dem Unterteil etwas mehr Form zu geben.

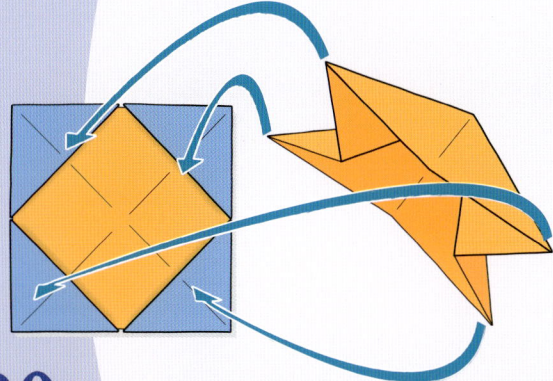 

20 Und schließlich schiebst du das dritte Teil ebenfalls mit den Spitzen voran vorsichtig in die dreieckigen Taschen.

Christians Tipp
Den musst du ausprobieren, der geht richtig ab!

Bunte
Schmetterlingsschar

Modell von Christian abgewandelt

Bunte Schmetterlingsschar

Du brauchst
✓ Faltpapier in Bunt, 7,5 cm x 7,5 cm

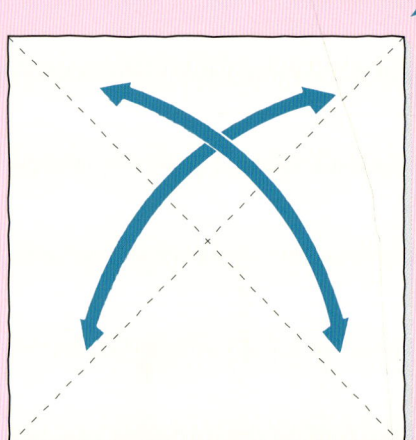

1 Lege das Papier mit der Seite, die später zu sehen sein soll, nach unten auf den Tisch, falte das Quadrat jeweils diagonal von Spitze zu Spitze zusammen und öffne es wieder.

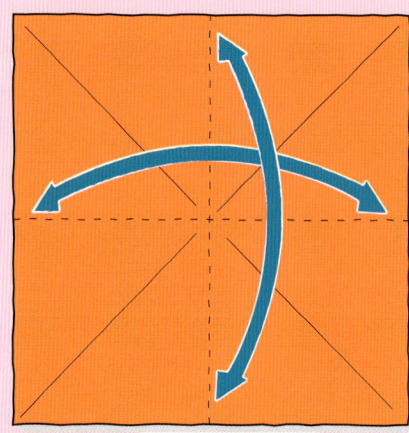

2 Jetzt wendest du das Papier und faltest es jeweils mittig zusammen. Öffne es wieder und drehe es um.

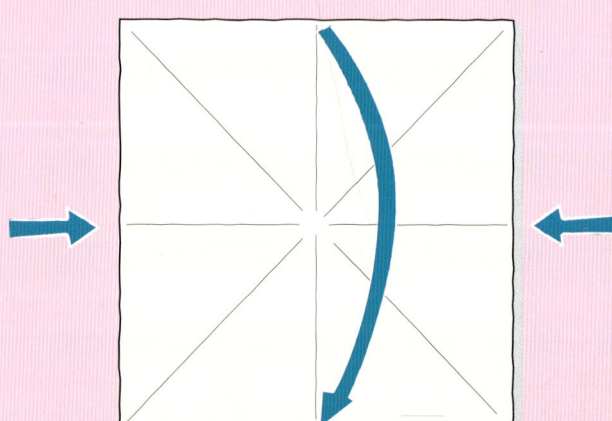

3 Drücke nun die beiden mit einem Pfeil markierten Punkte an den Seiten nach oben (siehe auch Schritt 10 auf Seite 81). Dabei klappt die obere Papierkante automatisch auf die untere.

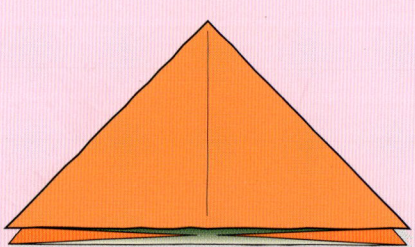

4 Deine Faltarbeit sieht jetzt so aus.

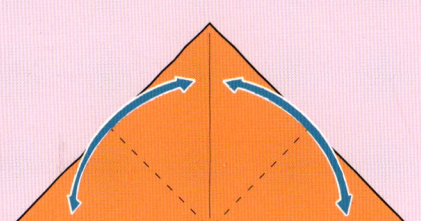 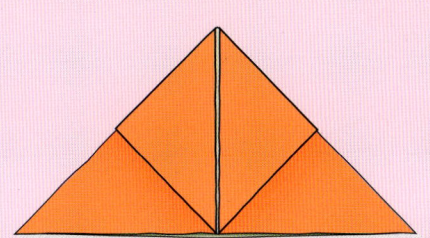 

5-7 Falte die beiden oberen Spitzen rechts und links nach oben, sodass sich die Kanten mittig berühren, und öffne diese Faltung wieder.

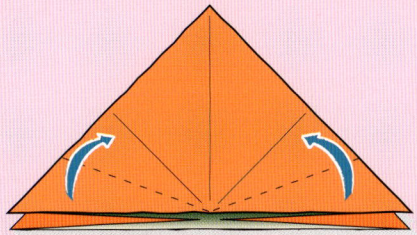 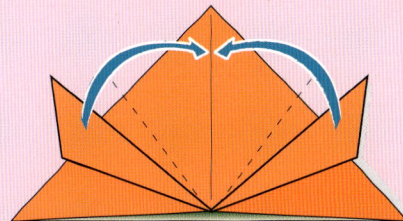 

8 Jetzt faltest du die Papierkanten bis zur gerade eben entstandenen Faltlinie.

9 Falte nun die unteren Papierkanten dieser Faltung nach oben, sodass sich beide Papierkanten mittig berühren.

10 Drehe die Faltarbeit um und stelle sie auf den Kopf.

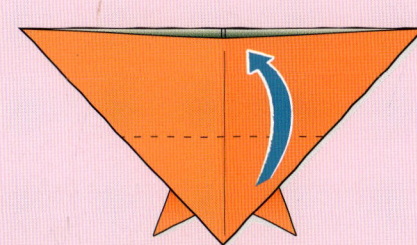 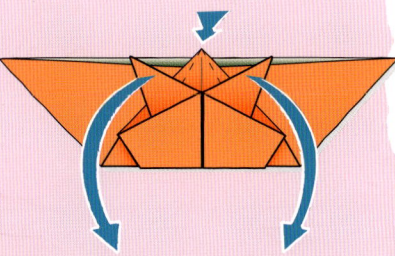 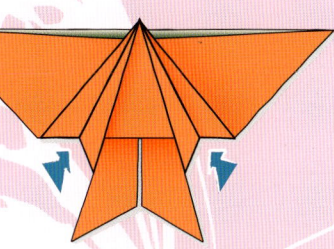

11 Falte die Spitze unten so weit nach oben, dass sie etwas über die obere Papierkante hinausragt.

12 Halte die Spitze in der Mitte mit einem Finger fest und klappe die danebenliegenden Spitzen nach unten auf.

13 Währenddessen klappen die beiden Papierlagen rechts und links der Spitzen nach innen. Streiche diese wie abgebildet nach.

Weiter geht es auf Seite 88.

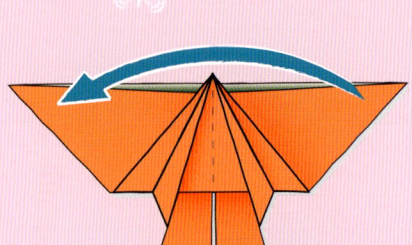

14+15 Nun faltest du den Schmetterling in der Mitte zusammen.

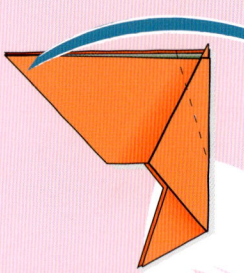

16 Falte den Schmetterling nun an der eingezeichneten Talfaltlinie um, und klappe die obere Hälfte entlang dieser Faltung wieder nach rechts auf.

17 Falte den linken Flügel auch noch einmal an dieser Faltung entlang nach.

So sieht dein Schmetterling jetzt aus.

Christians Tipp

Machst du einen Stern, ist er schon hübsch. Klebst du aber zwei Sterne aufeinander, bekommt dein Stern sogar acht Zacken. Alle werden staunen, wenn du damit den Weihnachtsbaum schmückst!

Es weihnachtet sehr

Du brauchst
✓ glänzendes oder weihnachtliches Geschenkpapier, 2 x 7,5 cm x 15 cm

1 Falte beide Papiere jeweils in der Hälfte zusammen.

2 Lege nun beide Papiere mit der Öffnung nach rechts zeigend vor dich hin und falte bei dem linken Papierstreifen die Spitzen oben rechts und unten links entlang der eingezeichneten Talfaltlinie um. Wiederhole diesen Vorgang auch für den rechten Streifen, aber falte hier die Spitzen unten rechts und oben links um.

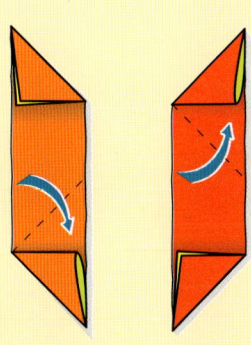

3 Falte nun beide Streifen entlang der eingezeichneten Talfaltlinien nach rechts.

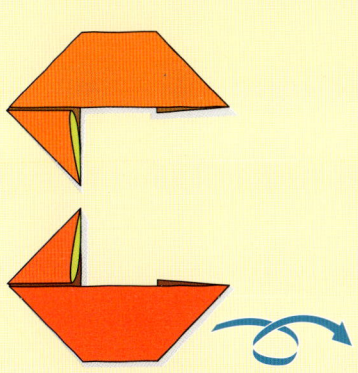

4 So sehen deine beiden Streifen jetzt aus. Wende beide Streifen ...

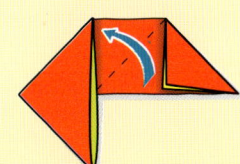

5 ... und falte sie wieder entlang der eingezeichneten Talfaltlinien um.

6 So sehen sie jetzt aus – einmal von vorne und einmal von hinten.

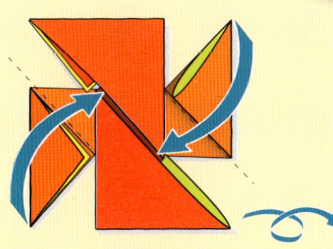

7 Lege beide Streifen nun mit den abgebildeten Seiten rechtwinklig aufeinander und falte die unteren Spitzen entlang der Talfaltlinie um. Schiebe sie danach in die Taschen der oberen Form. Wende deine Faltarbeit ...

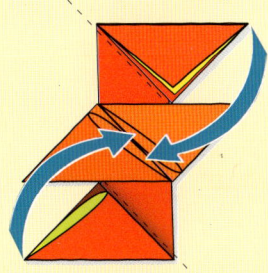

8 ... und wiederhole diesen Vorgang nun auch für diese unteren Spitzen.

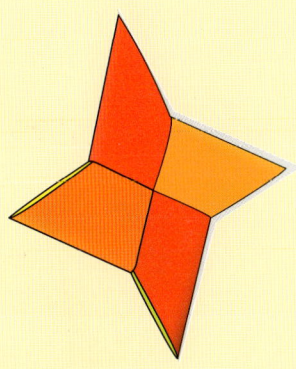

Origami – wofür?

Dr. Ulla Gohl-Völker ist Professorin für das Fach Kunst an der Pädagogischen Hochschule in Ludwigsburg sowie an der Hochschule in Schwäbisch Gmünd für das Fach Haushalt/Textil.

Als Eltern und Begleiter unserer Kinder möchten wir diese möglichst gut auf die Schule und auf das Leben vorbereiten. Das ist verständlich und legitim. Lernen ist ein aktiver Vorgang und wir können unterstützende Rahmenbedingungen schaffen. Lernen ist Bewegung, es ist die Hinwendung oder das Interesse an einer Sache, welches wir unterstützen und fördern können. Die gerichtete Aufmerksamkeit, das aktive Greifen und Hantieren sind die Vorstufen des Begreifens. Vielfältige und verschiedenartige Handlungen und Tätigkeiten sind deshalb eine gute Voraussetzung für die Entwicklung der kindlichen Intelligenz.

Eltern: Fördert die Beschäftigung mit Origami die kindliche Intelligenz?

Prof. Gohl-Völker: Wie bei vielen manuellen Tätigkeiten kommen beim Origami sehr vielfältige Griffe und Bewegungsabläufe zum Einsatz. Drücken, falten, kippen, drehen, usw. müssen genau ausgeführt werden. Dies schult generell die Feinmotorik und die Beweglichkeit der Hände. Zudem wird die Auge-Hand-Koordination gefördert. Sie ist die Voraussetzung jeder gezielten Bewegung.
Beim Lesen folgt der Blick den Linien der Schrift. Die Buchstaben werden erinnert, erkannt und verstanden und daraus werden dann Wörter, Sätze und Texte gebildet.

Eltern: Wie wichtig ist manuelle Geschicklichkeit?

Prof. Gohl-Völker: Die Bedeutung der manuellen Geschicklichkeit für das schulische Lernen wird oftmals unterschätzt. Doch sie ist die Grundlage für das Lesen, Schreiben und Rechnen.
Schreiben ist eine komplexe feinmotorische Leistung, bei der das Schreibgerät mit Daumen und Zeigefinger gefasst und mit der Hand geführt wird. Der angemessene Schreibdruck bestimmt nicht nur das Schriftbild, sondern entscheidet auch darüber, ob es gelingt die Buchstaben, Wörter und Sätze zwischen und auf den Linien zu platzieren. Ehe eine Rechenoperation ausgeführt werden kann, müssen die Ziffern punktgenau und in der richtigen Platzierung angeordnet werden.

Eltern: Inwiefern wirkt sich Origami auf die mathematischen Fähigkeiten des Kindes aus?

Prof. Gohl-Völker: Origamifaltungen folgen streng geometrischen Gesetzen. Jede Figur basiert auf einer geometrischen Grundform, wie Quadrat, Rechteck, Dreieck. Durch die Faltungen entstehen Fünf-, Sechs- und Achtecke, sowie Rhombus und Drachen mit den verschiedenen Winkeln. Die meist achsensymmetrischen Arbeitsschritte verwandeln die Fläche in Körper.
Durch die Flächenbegrenzung und Raumeinteilung wird das räumliche Vorstellungsvermögen trainiert und erweitert.

Eltern: Wird die Kommunikationsfähigkeit durch die „stumme" Origami-Technik gefördert?

Prof. Gohl-Völker: Um Dinge und Vorgänge benennen, bezeichnen, unterscheiden und beschreiben zu können, benötigt man einen differenzierten Wortschatz. Dies ist die Grundlage jeder Verständigung und jeden Dialogs.
Beim gemeinsamen Herstellen einer Faltarbeit arbeiten Eltern und Kinder als gleichberechtigte Partner auf ein Ziel hin. Meist kann keiner der Partner einen Wissensvorsprung für sich beanspruchen und das Ergebnis entsteht im Dialog. Gemeinsam wird das Ziel angestrebt, durch gegenseitige Hilfeleistungen und sprachliche Verständigung. Gemeinsam werden die Schritte geprüft, beurteilt oder Alternativen gesucht.

Eltern im Gespräch
mit Dr. Ulla Gohl-Völker

Eltern: Begünstigt das Hobby Origami auch die schulischen Ansprüche?

Prof. Gohl-Völker: Schulisches Arbeitsverhalten erfordert Konzentration. Dazu ist es notwendig, dass ein Kind an einer Sache dranbleiben kann, dass nach einer Lösung gesucht wird, dass etwas nicht vorzeitig abgebrochen wird, sondern zu Ende geführt wird, denn in der Fertigstellung und im Ergebnis liegt die Belohnung.

Die Verbindung von „Einsatz" und „Ergebnis" mündet beim Falten von Origami in eine ästhetisch-sinnliche Form. Das Kind erlebt sein Können als ansprechendes Produkt. In der Abfolge der Tätigkeiten erfährt es eine Sachlogik, die es auch auf andere Werkverfahren und Bereiche übertragen kann.

Eltern: Schult Origami die Gestaltungsfähigkeit und Kreativität des Kindes?

Prof. Gohl-Völker: Die handwerkliche Tätigkeit des Faltens ermöglicht es dem Kind sich selbst als Gestalter wahrzunehmen, d.h.

etwas zu bewirken. Aus der Erfahrung der Selbstwirksamkeit entstehen neue Gestaltungsideen. Mit Materialien, Werkverfahren und Werkzeugen wird experimentiert. Neues wird erfunden und entdeckt, Formen und Farben werden schöpferisch variiert. Diese Erfahrungen stärken das Selbstwertgefühl und die Kreativität des Kindes.

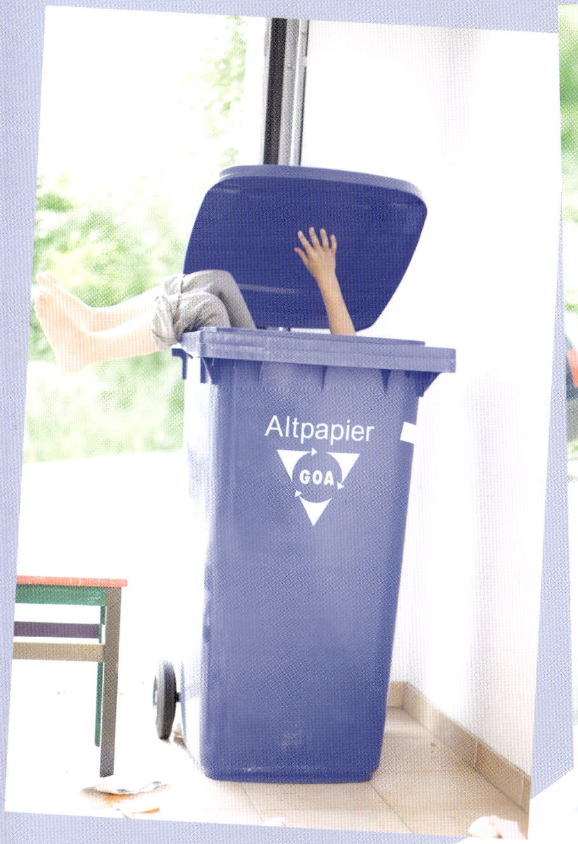
Altpapier
GOA
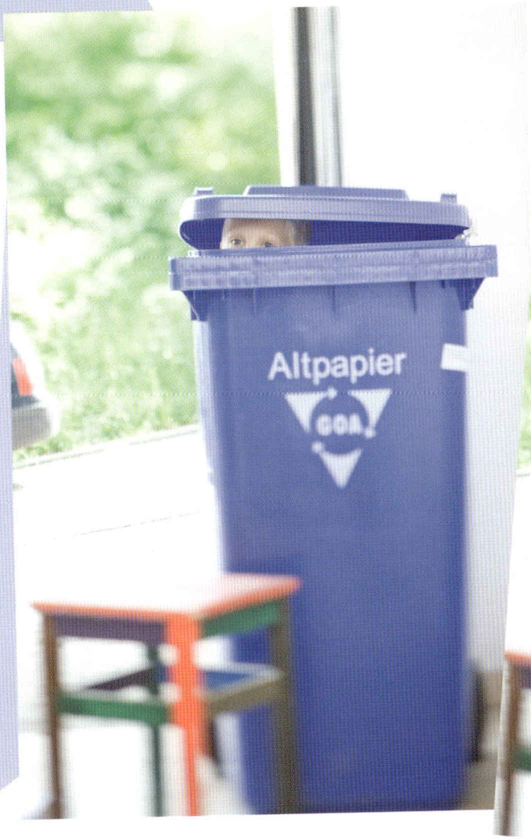
Altpapier
GOA
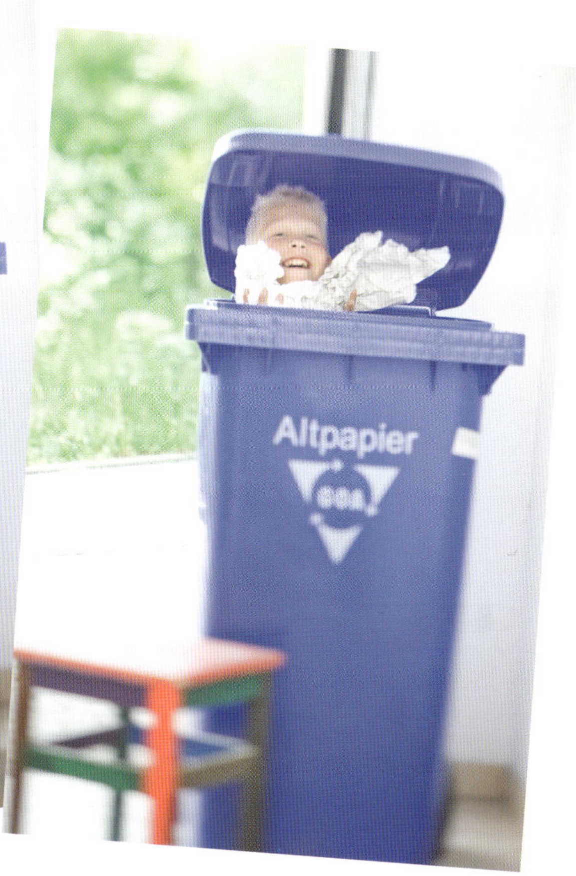
Altpapier
GOA
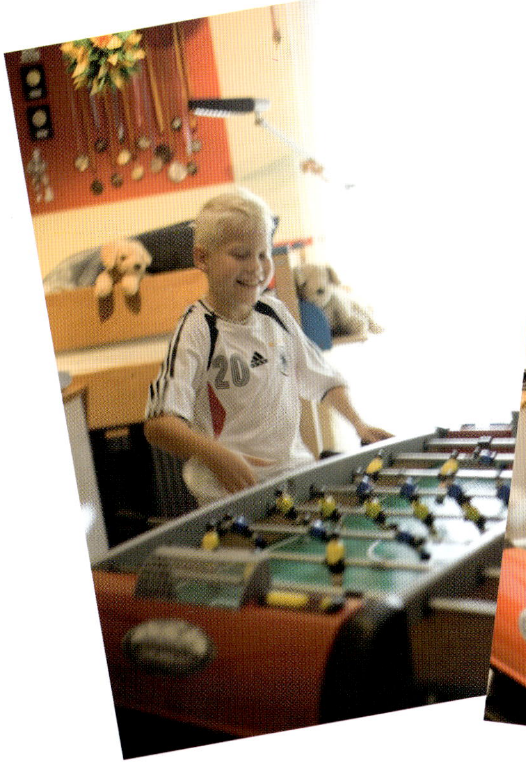
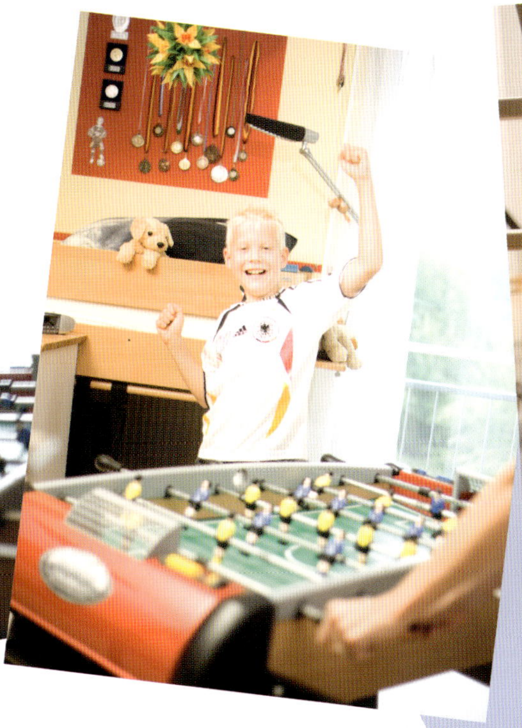
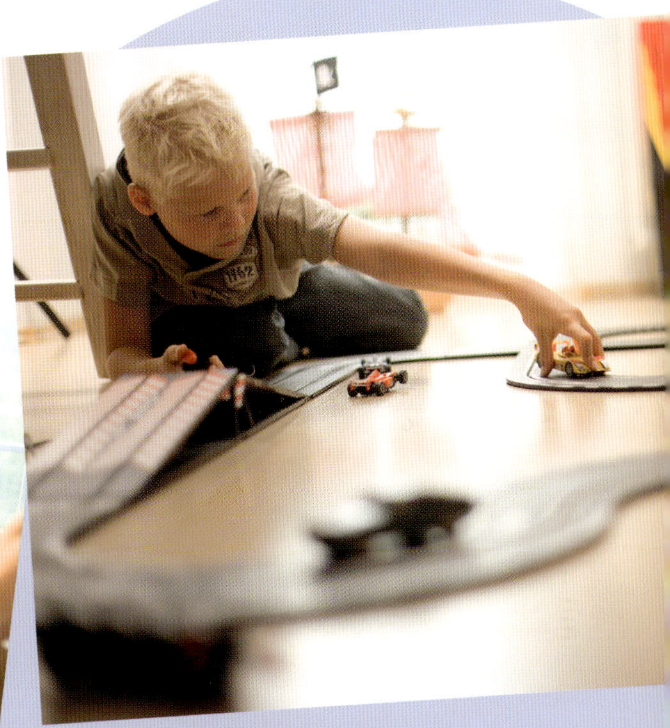

Das Papierset zum Buch

Damit ihr auch gleich losfalten könnt, haben wir in Zusammenarbeit mit der Firma nice papers ein Papierset mit 48 bunten Faltpapieren zusammengestellt. Unter anderem ist darin Aquapapier enthalten, mit dem ihr eure Boote schwimmen lassen könnt, oder das tolle Metall-Papier, das die Fische hier im Buch ganz besonders schön funkeln lässt. Das Papierset ist ab sofort im Handel erhältlich.

Wenn euch interessiert, was Christian gerade so Neues in seiner Origami-Welt erlebt oder woran er gerade tüftelt, könnt ihr jederzeit einen Blick auf seine Website werfen: www.christian-saile.de.

Christian bedankt sich bei den Firmen nice papers Q-Verlag (Berlin), Heyda (Heilbronn), folia (Wendelstein), MarpaJansen (Mönchengladbach) und Bähr (Kassel) für die freundliche Unterstützung mit Faltpapieren. Außerdem möchten wir uns ganz herzlich bei allen Kindern bedanken, die beim Fotoshooting so toll mitgearbeitet haben.

Impressum

Hilfestellung zu allen Fragen, die Materialien und Bastelbücher betreffen: Frau Erika Noll berät Sie.

Rufen Sie an: 05052/911858*

*normale Telefongebühren

FOTOS: frechverlag GmbH, 70499 Stuttgart; www.fotolia.de, Irochka S. 18 (Lilie), Julia Wesenberg S. 30/31 (Kussmund), theogott S. 42/43 (Unterwasserlandschaft), Janis Smits S. 49 (Schwan), Julien Gremillot S. 52/53 (Fledermäuse), Baltazar S. 63 (Sterne), WoGi S. 70 (Stempel Geheim), Keith Flint S. 86/87 (Schmetterling); www.istock-photo.com, Anyka S. 26 (Frosch), zmeel S. 67 (Seerose); lichtpunkt, Michael Ruder, Stuttgart (alle übrigen)

INTERVIEW-TEXT SEITE 92/93: Prof. Dr. phil. Ulla Gohl-Völker

PRODUKTMANAGEMENT UND LEKTORAT: Tina Herud

LEITUNG PRODUKTMANAGEMENT: Caroline Lerch

ZEICHNUNGEN: ARNOLD & DOMNICK, Leipzig

GRAFISCHE GESTALTUNG: Katrin Röhlig

DRUCK UND BINDUNG: Korotan-Lublijana

Auflage:	6.	5.	4.	3.	2.	
Jahr:	2015	2014	2013	2012	2011	[Letzte Zahlen maßgebend]

ISBN 978-3-7724-5740-1

Best.-Nr. 5740